ТЕСТЫ,
ТЕСТЫ,
ТЕСТЫ...

III Сертификационный уровень

Пособие для подготовки
к сертификационному экзамену
по лексике и грамматике

Санкт-Петербург
«Златоуст»

2010

УДК 811.161.1

Тесты, тесты, тесты... : пособие для подготовки иностранных студентов к сертификационному экзамену по лексике и грамматике. III сертификационный уровень. — СПб. : Златоуст, 2010. — 144 с.

Tests, tests, tests... a test preparation book for the certification test in vocabulary and grammar. Level B3. — St. Petersburg : Zlatoust, 2010. — 144 p.

Авторский коллектив:
Т.И. Капитонова, И.И. Баранова, О.М. Никитина

Научный редактор:
проф. Т.И. Капитонова

Зав. редакцией: *А.В. Голубева*
Корректор: *Ю.А. Карчина*
Оригинал-макет: *Л.О. Пащук*

Данное пособие представляет собой набор тренировочных тестов по лексике и грамматике русского языка и предназначено для подготовки иностранных студентов к тестированию на III уровень владения русским языком как иностранным.
Имеется компьютерный вариант.

ISBN 978-5-86547-536-1

Подготовка оригинал-макета: издательство «Златоуст».
Подписано в печать 26.04.10. Формат 60x90/16. Печ.л. 9. Печать офсетная. Тираж 1000 экз. Заказ № 1242.
Код продукции: ОК 005-93-953005.
Санитарно-эпидемиологическое заключение на продукцию издательства Государственной СЭС РФ № 78.01.07.953.П.002067.03.05 от 16.03.2005 г.
Издательство «Златоуст»: 197101, Санкт-Петербург, Каменноостровский пр., д. 24, оф. 24.
Тел.: (+7-812) 346-06-68, факс: (+7-812) 703-11-79, e-mail: sales@zlat.spb.ru, http://www.zlat.spb.ru
Отпечатано с готовых диапозитивов в ООО «Типография "Береста"».
196084, Санкт-Петербург, ул. К. Томчака, 28. Тел.: (+7-812) 388-90-00.

Содержание

ПРЕДИСЛОВИЕ

Данное пособие представляет собой набор тренировочных тестов по лексике и грамматике русского языка для иностранных студентов и предназначено для проверки сформированности грамматических и лексических навыков. Целью пособия является подготовка иностранных студентов к тестированию на III уровень владения русским языком как иностранным.

Тренировочные тесты составлены в соответствии с «Государственным образовательным стандартом по русскому языку как иностранному. Третий уровень. Общее владение» 1999 года.

Тесты представляют собой задания с выборочными вариантами ответов из двух, трёх и четырёх позиций.

Тесты включают в себя следующие грамматические темы:
— глагол (вид),
— глаголы с приставками,
— деепричастия,
— управление кратких прилагательных и причастий,
— постановка логических вопросов к различным членам предложения,
— неопределённые местоимения и наречия,
— сложное предложение,
— паронимы,
— фразеология,
— общие тесты.

В конце книги ко всем тестам имеются ключи, которые дают возможность студентам проверить правильность выполнения заданий.

Данное учебное пособие может быть использовано иностранными студентами как в работе под руководством преподавателя, так и при самостоятельном обучении.

III СЕРТИФИКАЦИОННЫЙ УРОВЕНЬ

Тест 1. Вид глагола

Выберите вариант ответа.

1. Мы давно не переписываемся с Андреем. И вдруг он взял и … мне подробное письмо.

   А) писал
   Б) пишет
   В) написал
   Г) напишет

2. Сейчас эпидемия гриппа. Как бы тебе не … .

   А) заражаться
   Б) заразился
   В) заражается
   Г) заразиться

3. По голосу брата я поняла, что его что-то … .

   А) расстроило
   Б) расстроит
   В) расстраивало бы
   Г) расстраивало

4. Сестра ни за что не … меня, что она поступила правильно.

   А) убеждает
   Б) убеждала
   В) убедит
   Г) убедила

5. Смотри, не … разбудить меня вовремя.

   А) забывай
   Б) забудь
   В) забудешь
   Г) забываешь

6. Сын перестал … родителям, и они очень волнуются.

   А) звонить
   Б) звонил
   В) позвонил
   Г) позвонит

7. Не ... бы эту передачу. Я всю неделю ждал её.

    А) пропускать
    Б) пропустить
    В) пропустим
    Г) пропускаем

8. Я заблудился поздно вечером в незнакомом городе, но не у кого было ... дорогу.

    А) спрашивал
    Б) спросил
    В) спросить
    Г) спрашивать бы

9. Он давно не пел, а тут вдруг ... гитару и начал петь.

    А) брал
    Б) берёт
    В) взял
    Г) возьмёт

10. Сестра забыла ... мне, что вечером мы идём в гости.

    А) напоминать
    Б) напомнила
    В) напомнит
    Г) напомнить

11. Без твоей помощи мне ни за что не ... эту статью.

    А) переводить
    Б) переводил бы
    В) переведу
    Г) перевести

12. Хотя Нина легла поздно, она долго не могла ... .

    А) заснуть
    Б) засыпать
    В) заснула
    Г) засыпала бы

13. Погода испортилась, и Анна передумала ... из дома.

    А) выйти
    Б) вышла
    В) выйдет
    Г) выходить

14. Боюсь, как бы Виктор не ... на поезд.

    А) опоздает
    Б) опоздал
    В) опаздывал
    Г) опоздать

15. Олег никогда не стал бы … на меня.

А) пожаловался бы
Б) жаловаться
В) пожалуется
Г) пожаловаться

16. По разговору было понятно, что Игоря очень … эта новость.

А) удивит
Б) удивляла
В) удивлялась
Г) удивила

17. Я никогда не смог бы … предательства.

А) прощать
Б) простил бы
В) простить
Г) прощу

18. Неужели ты никогда не … северного сияния?

А) увидела
Б) видела
В) видела бы
Г) увидеть

19. Мать потребовала, чтобы сын немедленно … о случившемся.

А) рассказывал бы
Б) рассказал
В) расскажет
Г) рассказал бы

20. Ему пришлось … в обмане.

А) сознаться
Б) сознавался
В) сознается
Г) сознаваться

21. Смотри, не … ключ, у нас нет запасного.

А) теряй
Б) потеряй
В) теряешь
Г) потеряешь

22. Он очень ответственный человек и обязательно … с этой работой.

А) справится
Б) справляется
В) справлялся
Г) справился

23. Господин директор! ... задать Вам несколько вопросов.

    А) Разрешайте
    Б) Разрешили бы
    В) Разрешите
    Г) Разрешали бы

24. Я не понимаю, почему она так долго ... от нас случившееся.

    А) скрыла
    Б) скроет
    В) скрывала
    Г) скрывала бы

25. Почему бы тебе не ... Иру на день рождения?

    А) приглашать
    Б) приглашала
    В) пригласить
    Г) пригласила бы

26. Она вдруг вскочила с места и ... письмо со стола.

    А) хватала
    Б) схватила
    В) схватит
    Г) хватает

27. Декан очень занят и не сможет ... вас сегодня.

    А) принимать
    Б) принимал
    В) принять
    Г) принять бы

28. Нам незачем ... к этому вопросу.

    А) вернуться
    Б) вернулись
    В) возвращаться
    Г) вернуться бы

29. Наш спортсмен быстро ... соперников и первым пришёл к финишу.

    А) опередил
    Б) опережал
    В) опередит
    Г) опередил бы

30. Я долго не могла ..., где я видела этого человека.

    А) вспоминать
    Б) вспомнила бы
    В) вспомнить
    Г) вспоминала бы

31. Не скажи я ему об этом, мы не ... .

А) поссоримся
Б) ссорились
В) ссоримся
Г) поссорились бы

32. Ни к чему ... ей об этом.

А) рассказывать
Б) рассказать бы
В) рассказываю
Г) расскажу

33. Анна обиделась и ни за что не ... с нами за город.

А) ездит
Б) поедет
В) ехала бы
Г) ездила

34. Уже так поздно. Не ... завтра на работу.

А) просплю
Б) проспать бы
В) проспал
Г) просыпать

35. Он принимал лекарство, пока не ... .

А) поправлялся
Б) поправился бы
В) поправиться
Г) поправился

36. Я ни за что не ..., что всё это действительно с ним произошло.

А) верил
Б) верю
В) поверю
Г) верил бы

37. Ей не с кем ... своими проблемами.

А) делилась бы
Б) поделится
В) делилась
Г) поделиться

38. Не стоило ... из-за этого.

А) рассердиться
Б) сердился бы
В) сердиться
Г) сердится

39. По мере того как … день отъезда, она всё больше волновалась.

А) приближался
Б) приблизился
В) приближался бы
Г) приблизиться

40. Как только … телефон, я снял трубку.

А) звонит
Б) зазвонил
В) звонил бы
Г) зазвонит

Тест 2. Вид глагола

Выберите вариант ответа.

1. Андрей никогда не любил оперу. А тут взял и … всем билеты в Мариинский театр.

А) купил
Б) купит
В) покупает
Г) покупал

2. Осторожно, не … ! Здесь очень скользко.

А) падай
Б) упади
В) упадёшь
Г) падаешь

3. Смотри не … дату! Её день рождения 25 мая.

А) перепутай
Б) перепутаешь
В) путай
Г) путаешь

4. Добро пожаловать! …, проходите, садитесь.

А) Разделись бы
Б) Раздевались бы
В) Разденьтесь
Г) Раздевайтесь

5. Не … обувь, проходите в комнату!

А) снимите
Б) снимайте
В) снимали бы
Г) сняли бы

6. Не ... бы зонтик. Смотри, какой дождь!
А) забывать
Б) забыть
В) забывали
Г) забудем

7. ... пройти, пожалуйста! Я выхожу.
А) Разрешайте
Б) Разрешите
В) Разрешили бы
Г) Разрешали бы

8. Ты можешь посмотреть телевизор, пока я ... письмо.
А) дописала бы
Б) допишу
В) дописала
Г) дописывала

9. Пора ...! А то опоздаешь на работу!
А) вставать
Б) вставай
В) встать
Г) встань

10. Не ...! Полежи немного, отдохни!
А) встаёшь
Б) вставай
В) встань
Г) встанешь

11. ... эту историю и никогда не вспоминай!
А) Забудь
Б) Забывай
В) Забываешь
Г) Забудешь

12. Не ... близко к сердцу!
А) приняла бы
Б) прими
В) принимай
Г) примешь

13. Твоя остановка. Тебе сейчас ... .
А) выходить бы
Б) выйти бы
В) выйти
Г) выходить

14. ... ! Иначе проедешь свою остановку.

А) Выйти
Б) Выходи
В) Вышел бы
Г) Вышла бы

15. ... , пожалуйста, дверь! Сквозняк!

А) Закрой
Б) Закрывай
В) Закрыл бы
Г) Закрывал бы

16. Пора ... на стол. Гости уже пришли.

А) накрыть
Б) накрывать
В) накрывай
Г) накрыла бы

17. Возьми, пожалуйста, книгу с полки. Мне не ... .

А) достать
Б) доставать
В) достану
Г) достала

18. Нельзя ... улицу на красный сигнал светофора.

А) перейти
Б) перейди
В) переходи
Г) переходить

19. Перестань ... одно и то же.

А) повторить
Б) повторять
В) повторяешь
Г) повторял

20. Не ... это письмо. Оно адресовано не тебе.

А) читай
Б) прочитай
В) читаешь
Г) читал

Тест 3. Глаголы с приставками

Выберите вариант ответа.

1. Когда я готовила, я … руку.

   А) сожгла
   Б) обожгла
   В) пережгла
   Г) выжгла

2. При взлёте самолёта пассажиров про-
   сят … ремни.

   А) пристегнуть
   Б) расстегнуть
   В) застегнуть
   Г) отстегнуть

3. Чтобы сделать плот, мы … несколько
   толстых брёвен.

   А) развязали
   Б) отвязали
   В) привязали
   Г) связали

4. Два университета … договор о сотруд-
   ничестве.

   А) заключили
   Б) подключили
   В) переключили
   Г) включили

5. Ольга не хотела ехать в Москву, но друзья … её.

   А) заговорили
   Б) поговорили
   В) отговорили
   Г) уговорили

6. После долгих поисков милиция … пре-
   ступника.

   А) удержала
   Б) сдержала
   В) задержала
   Г) выдержала

7. Не надо … игрушки у младшего брата.

   А) донимать
   Б) отнимать
   В) перенимать
   Г) снимать

8. Сегодня библиотека закрыта на сани-
   тарный день, книги не ... .

   А) выдают
   Б) отдают
   В) задают
   Г) передают

9. Я так ..., что проехала свою станцию.

   А) прочитала
   Б) зачиталась
   В) дочитала
   Г) отчитала

10. Виктор заболел, и ему пришлось ...
    встречу.

   А) применить
   Б) сменить
   В) отменить
   Г) заменить

11. Это пятно трудно будет ... .

   А) перевести
   Б) довести
   В) вывести
   Г) отвести

12. Мой брат всегда старается ... свою
    точку зрения.

   А) отстоять
   Б) выстоять
   В) перестоять
   Г) настоять

13. Ветер был такой сильный, что ... с ног.

   А) перебивал
   Б) сбивал
   В) отбивал
   Г) выбивал

14. Осенью с деревьев ... листья.

   А) вылетают
   Б) пролетают
   В) облетают
   Г) налетают

15. Почему же твой друг не ... за тебя?

   А) расступился
   Б) заступился
   В) отступился
   Г) оступился

16. Надо … соль из пакета в солонку.

    А) рассыпать
    Б) засыпать
    В) пересыпать
    Г) просыпать

17. Дети … на улице раненую птицу и принесли её домой.

    А) собрали
    Б) выбрали
    В) подобрали
    Г) убрали

18. Квартиру, в которой было совершено преступление, … .

    А) запечатали
    Б) распечатали
    В) опечатали
    Г) напечатали

19. Ураган … крыши с домов.

    А) вырывал
    Б) срывал
    В) зарывал
    В) нарывал

20. Она пошла на экскурсию в новых туфлях и … ногу.

    А) натёрла
    Б) вытерла
    В) оттёрла
    Г) затёрла

21. Я … и проехала свою остановку.

    А) передумала
    Б) задумалась
    В) одумалась
    Г) придумала

22. Раньше здесь был пустырь, а сейчас его полностью … .

    А) перестроили
    Б) пристроили
    В) отстроили
    Г) застроили

23. Она … свои силы и не смогла справиться с работой в срок.

    А) оценила
    Б) переоценила
    В) недооценила
    Г)приценилась

24. Лена не может ..., чтобы её ребёнка обижали сверстники.

    А) отпустить
    Б) запустить
    В) допустить
    Г) напустить

25. Мы решили ... решение этого вопроса на завтра.

    А) отложить
    Б) сложить
    В) переложить
    Г) заложить

26. Он так смеялся, что чуть не ... со стула.

    А) привалился
    Б) свалился
    В) завалился
    Г) отвалился

27. Студенты ... лектора вопросами.

    А) разбросали
    Б) набросали
    В) забросали
    Г) побросали

28. Сотрудники ... о проделанной работе.

    А) вчитались
    Б) зачитались
    В) рассчитались
    Г) отчитались

29. Мы готовим ему сюрприз. Смотри, не ... .

    А) проговорись
    Б) договорись
    В) уговорись
    Г) отговорись

30. Продавец ... фрукты и назвал цену.

    А) взвесил
    Б) развесил
    В) вывесил
    Г) навесил

Тест 4. Глаголы с приставками

Выберите вариант ответа.

1. Я заходил вчера к Игорю, но не ... его дома.
   А) настал
   Б) застал
   В) достал
   Г) отстал

2. Это объявление в газете ... моё внимание.
   А) увлекло
   Б) завлекло
   В) привлекло
   Г) навлекло

3. Я давно не видела Олега. Не знаешь, куда он ... ?
   А) выпал
   Б) отпал
   В) напал
   Г) пропал

4. Он ... собаку с поводка.
   А) отпустил
   Б) впустил
   В) пропустил
   Г) запустил

5. Она гладила блузку очень горячим утюгом и ... её.
   А) пережгла
   Б) выжгла
   В) прожгла
   Г) зажгла

6. Сын хотел ... правду от родителей.
   А) скрыть
   Б) укрыть
   В) прикрыть
   Г) закрыть

7. В машине кончается бензин, надо ... .
   А) справиться
   Б) отправиться
   В) переправиться
   Г) заправиться

8. Суд ... обвиняемого к трём годам лишения свободы.

   А) наговорил
   Б) приговорил
   В) переговорил
   Г) договорил

9. Пол в квартире ... до блеска.

   А) вытерли
   Б) затёрли
   В) натёрли
   Г) стёрли

10. Ткань ... на солнце и потеряла яркость.

    А) выцвела
    Б) расцвела
    В) зацвела
    Г) отцвела

11. Милиция ... хулиганство подростков.

    А) засекла
    Б) пресекла
    В) отсекла
    Г) высекла

12. Она ... волосы назад и завязала их.

    А) вычесала
    Б) причесала
    В) зачесала
    Г) начесала

13. Виктор совсем ... занятия спортом.

    А) сбросил
    Б) набросил
    В) выбросил
    Г) забросил

14. Мы ... опавшие листья в кучи и жгли их.

    А) подгребали
    Б) сгребали
    В) загребали
    Г) отгребали

15. Это блюдо ... в ресторане с острым
    соусом.

    А) подают
    Б) отдают
    В) выдают
    Г) раздают

16. Террористы ... заложников в здании школы.

А) задерживали
Б) удерживали
В) выдерживали
Г) сдерживали

17. Моя сестра ... сад фруктовыми деревьями.

А) посадила
Б) отсадила
В) пересадила
Г) засадила

18. По этому вопросу я ... другого мнения.

А) придерживаюсь
Б) удерживаюсь
В) сдерживаюсь
Г) задерживаюсь

19. Туристы ... от маршрута.

А) наклонились
Б) уклонились
В) отклонились
Г) склонились

20. Ситуация изменилась, тебе стоит ... своё мнение.

А) пересмотреть
Б) рассмотреть
В) досмотреть
Г) просмотреть

21. Я не знаю, какой метод нужно ... при решении этой задачи.

А) заменить
Б) сменить
В) изменить
Г) применить

22. Кошка прыгнула на машину, сразу ... сигнализация.

А) проработала
Б) обработала
В) сработала
Г) отработала

23. Родители ... ребёнка спать в 9 часов вечера.

А) укладывают
Б) прикладывают
В) откладывают
Г) перекладывают

24. Мой любимый спортсмен ... первый гол в этом матче.

А) забил
Б) сбил
В) выбил
Г) отбил

25. Нужно ... проезд в автобусе.

А) заплатить
Б) оплатить
В) выплатить
Г) переплатить

26. Ты уже ... пуговицу на пальто?

А) пришила
Б) зашила
В) подшила
Г) дошила

27. Мы уже ... маршрут нашего путешествия.

А) приметили
Б) заметили
В) наметили
Г) отметили

28. Саша сначала нарисовал рисунок карандашом, а потом ... красками.

А) перекрасил
Б) закрасил
В) украсил
Г) раскрасил

29. В ягодах много мусора, надо их ... .

А) перебрать
Б) собрать
В) выбрать
Г) убрать

30. ... , пожалуйста, гвоздь в эту стену.

А) Набей
Б) Выбей
В) Забей
Г) Отбей

Тест 5. Глаголы с приставками

Выберите вариант ответа.

1. Вчера в нашем доме на весь день ... электричество.

    А) отключили
    Б) включили
    В) исключили
    Г) переключили

2. Артиста попросили ещё раз ... эту песню.

    А) выполнить
    Б) наполнить
    В) исполнить
    Г) дополнить

3. Школьники ... цветы к памятнику Неизвестному солдату.

    А) проложили
    Б) вложили
    В) возложили
    Г) приложили

4. На тренировке Нина так ... ногу, что не могла ходить.

    А) затянула
    Б) вытянула
    В) оттянула
    Г) растянула

5. В машине кончился бензин, надо её ... .

    А) поправить
    Б) исправить
    В) заправить
    Г) справить

6. Сделайте глубокий вдох и ... дыхание.

    А) удержите
    Б) выдержите
    В) держите
    Г) задержите

7. Скоро ехать на вокзал, а она ещё не ... вещи в чемодан.

    А) заложила
    Б) сложила
    В) разложила
    Г) выложила

8. Это пятно на полу никак не ... .

А) отмывается
Б) замывается
В) вымывается
Г) перемывается

9. Кто ... это преступление?

А) преследует
Б) расследует
В) обследует
Г) исследует

10. Перед стиркой это бельё рекомендуется ... .

А) замачивать
Б) вымачивать
В) смачивать
Г) намачивать

11. Суп уже холодный, нужно ... его в микроволновке.

А) согреть
Б) отогреть
В) разогреть
Г) перегреть

12. Из большого количества концертных номеров нужно ... самые интересные.

А) отобрать
Б) забрать
В) собрать
Г) перебрать

13. Саша долго ... от меня эту новость.

А) скрывал
Б) закрывал
В) открывал
Г) перекрывал

14. Студент не сдал зачёты, и его не ... до экзамена.

А) отпустили
Б) спустили
В) допустили
Г) напустили

15. Эта работа ... самой высокой оценки.

А) заслуживает
Б) обслуживает
В) прислуживает
Г) дослуживает

16. Игорь сделал предложение Ольге, но она ему … .

    А) приказала
    Б) отказала
    В) указала
    Г) доказала

17. Не … мне хлеб маслом. Я не ем масло.

    А) намазывай
    Б) смазывай
    В) замазывай
    Г) размазывай

18. Лена … неловкость шуткой.

    А) выгладила
    Б) сгладила
    В) нагладила
    Г) отгладила

19. Я отвлеклась на что-то и … важный момент в разговоре.

    А) запустила
    Б) отпустила
    В) пропустила
    Г) распустила

20. Весь сад … травой.

    А) вырос
    Б) оброс
    В) разросся
    Г) зарос

21. Боюсь, мы с ним не … .

    А) выработаем
    Б) сработаемся
    В) наработаем
    Г) заработаемся

22. Новая квартира готова, теперь надо … её.

    А) сделать
    Б) доделать
    В) отделать
    Г) приделать

23. Я … и проехала свою остановку.

    А) вычитала
    Б) отчиталась
    В) зачиталась
    Г) вчиталась

24. Она так много всего ... . Это невозможно съесть.

    А) наготовила
    Б) подготовила
    В) изготовила
    Г) приготовилась

25. Мы недавно построили дачу и сейчас ... там.

    А) переживаем
    Б) обживаемся
    В) наживаемся
    Г) вживаемся

26. Нужно ... документ у нотариуса.

    А) доверить
    Б) поверить
    В) заверить
    Г) верить

27. Машина на морозе плохо ... .

    А) переводится
    Б) заводится
    В) приводится
    Г) отводится

28. Она так прекрасно пела, мы просто ... .

    А) прослушали
    Б) выслушали
    В) послушали
    Г) заслушались

29. Я ... подруге бутылку шампанского.

    А) проспорила
    Б) поспорила
    В) отспорила
    Г) оспорила

30. Сестра любит менять что-нибудь в квартире. Недавно ... всю мебель.

    А) поставила
    Б) переставила
    В) заставила
    Г) отставила

Тест 6. Глаголы с приставками

Выберите вариант ответа.

1. Я боюсь, что ... суп: его невозможно есть.
   А) подсолила
   Б) засолила
   В) пересолила

2. Для сохранения здоровья блюдо лучше ... .
   А) недосолить
   Б) пересолить
   В) засолить

3. Анна собирается ... огурцы, которые вырастила на даче.
   А) пересолить
   Б) недосолить
   В) засолить

4. Я забыла ... плов.
   А) посолить
   Б) засолить
   В) пересолить

5. Олег очень ..., ему необходимо отдохнуть.
   А) встал
   Б) устал
   В) достал

6. Мама ... дочь за интересным занятием: она купала котёнка.
   А) застала
   Б) перестала
   В) пристала

7. На остановке к Нине ... какой-то странный человек.
   А) достал
   Б) восстал
   В) пристал

8. Татьяна ... звонить Инне: наверное, девушки поссорились.
   А) отстала
   Б) перестала
   В) устала

9. Елена ... рано и первым делом принимает душ.
   А) встаёт
   Б) достаёт
   В) отстаёт

10. Альпинист ... от группы и чуть не потерялся в горах.

    А) устал
    Б) отстал
    В) застал

11. Возьми, пожалуйста, словарь с верхней полки, мне его не ... .

    А) восстать
    Б) встать
    В) достать

12. Когда я ..., я поеду отдыхать на дачу.

    А) устану
    Б) отстану
    В) перестану

13. Трудно ... слова, чтобы выразить свои чувства.

    А) подобрать
    Б) вобрать
    В) отобрать

14. ... у ребёнка вилку, он ещё не умеет ею пользоваться.

    А) Убери
    Б) Отбери
    В) Выбери

15. Лиса ... ближе к дому, высматривая добычу.

    А) забралась
    Б) выбралась
    В) подобралась

16. Ты можешь ... Антона из детского сада.

    А) выбрать
    Б) забрать
    В) собрать

17. На дачу им удаётся ... редко: работа не позволяет.

    А) забираться
    Б) выбираться
    В) собираться

18. ... в своей комнате: пора навести порядок!

    А) Выберись
    Б) Приберись
    В) Переберись

19. Пора ... на работу! Как бы не опоздать!

    А) убираться
    Б) выбираться
    В) собираться

20. Стоят тёплые дни. Надо чаще … на дачу.

    А) выбираться
    Б) перебираться
    В) забираться

21. Композитор … всю душу в создание симфонии.

    А) разложил
    Б) заложил
    В) вложил

22. Свою просьбу он … в официальном письме директору фирмы.

    А) изложил
    Б) выложил
    В) переложил

23. Полгода назад на этом месте … памятник композитору.

    А) подложили
    Б) заложили
    В) уложили

24. Ирина … много усилий к созданию дружной семьи.

    А) заложила
    Б) вложила
    В) приложила

25. Дмитрий сел заниматься: … все бумаги, достал нужные книги.

    А) разложил
    Б) уложил
    В) подложил

26. Стол шатается, надо … что-нибудь под ножку.

    А) заложить
    Б) уложить
    В) подложить

27. Елена любит … свои заботы на плечи других людей.

    А) укладывать
    Б) закладывать
    В) перекладывать

28. Пора … спать детей.

    А) укладывать
    Б) выкладывать
    В) раскладывать

29. Собираясь в дорогу, Вера … вещи в чемоданы.

    А) прикладывала
    Б) укладывала
    В) выкладывала

30. Давай, я буду гладить бельё, а ты будешь ... его в шкаф.

А) складывать
Б) закладывать
В) прикладывать

31. На каникулы школьникам ... написать два сочинения.

А) преподали
Б) задали
В) выдали

32. На горячее ... утку с яблоками.

А) выдали
Б) передали
В) подали

33. Последнее дело — ... друзей.

А) передавать
Б) придавать
В) предавать

34. Эта родинка ... её лицу особую прелесть.

А) придаёт
Б) задаёт
В) выдаёт

35. Этот аспирант иногда ... чужие идеи за свои.

А) придаёт
Б) выдаёт
В) сдаёт

36. Когда он ... последний экзамен, он отправится отдыхать за границу.

А) сдаст
Б) выдаст
В) задаст

37. Я хочу ... привет всем нашим общим знакомым.

А) подать
Б) передать
В) придать

38. Иван никогда не ... в вузе, он занимался только научной работой.

А) задавал
Б) сдавал
В) преподавал

39. Ему с трудом ... преодолеть свою лень.

А) удалось
Б) передалось
В) выдалось

40. У него нет сил всецело ... физической
работе в саду.

А) отдаваться
Б) вдаваться
В) удаваться

41. Давайте не будем ... в подробности.

А) поддаваться
Б) вдаваться
В) задаваться

42. Всю жизнь он ... одним и тем же вопросом: что делать?

А) предавался
Б) сдавался
В) задавался

43. Будем играть честно: никто никому не
должен ... .

А) задаваться
Б) поддаваться
В) предаваться

44. Культурные ценности ... из поколения
в поколение.

А) передаются
Б) подаются
В) отдаются

45. Давайте ... свет и зажжём свечи.

А) переключим
Б) выключим
В) заключим

46. За неуплату долгов на заводе ... электричество.

А) подключили
Б) отключили
В) переключили

47. Будь добр, ... на первый канал: сейчас
будут новости.

А) переключи
Б) выключи
В) подключи

48. Я не понял, в чём ... смысл этого произведения.

А) включается
Б) подключается
В) заключается

49. Чтобы посмотреть почту, надо ... к Интернету.

А) отключиться
Б) подключиться
В) переключиться

50. Чтобы хорошо отдохнуть, надо уехать далеко и ... от всех проблем.

А) переключиться
Б) включиться
В) отключиться

Тест 7. Деепричастия

К выделенным конструкциям подберите близкий по смыслу вариант.

1. Алексей даже ни о чём её не спросил, **опасаясь её обидеть**.

А) если опасался её обидеть
Б) так как опасался её обидеть
В) хотя опасался её обидеть
Г) когда опасался её обидеть

2. **Зная все обстоятельства дела**, Татьяна всё-таки никому ничего не сказала.

А) Когда Татьяна знала все обстоятельства дела,
Б) Так как Татьяна знала все обстоятельства дела,
В) Несмотря на то что Татьяна знала все обстоятельства дела,
Г) Если бы Татьяна знала все обстоятельства дела,

3. **Сдав все экзамены**, она могла бы поехать отдохнуть на море.

А) Хотя она сдала все экзамены,
Б) Если бы она сдала все экзамены,
В) Несмотря на то что она сдала все экзамены,
Г) Потому что она сдала все экзамены,

4. **Встретившись случайно на выставке**, они договорились вместе пойти в Филармонию.

А) Когда они встретились случайно на выставке,
Б) Если бы они встретились случайно на выставке,
В) Несмотря на то что они встретились случайно на выставке,
Г) Если они встретились случайно на выставке,

5. **Пройдя тестирование на III сертификационный уровень**, Фредерик сможет работать в российской фирме.

А) Если бы Фредерик прошёл тестирование на III сертификационный уровень,

Б) Если Фредерик пройдёт тестирование на III сертификационный уровень,

В) Так как Фредерик пройдёт тестирование на III сертификационный уровень,

Г) Хотя Фредерик пройдет тестирование на III сертификационный уровень,

6. **Не проверив как следует своё сочинение**, Антуан получил неудовлетворительную оценку.

А) Потому что Антуан не проверил как следует своё сочинение,

Б) Так как Антуан не проверил как следует своё сочинение,

В) Когда Антуан не проверил как следует своё сочинение,

Г) Если Антуан не проверил как следует своё сочинение,

7. **Закончив петь арию**, артист удалился за сцену.

А) Когда артист закончил петь арию,

Б) Если артист закончил петь арию,

В) Если бы артист закончил петь арию,

Г) Потому что артист закончил петь арию,

8. **Заботясь о будущем своих детей**, он выбрал для них лучшие университеты.

А) Если бы он заботился о будущем своих детей,

Б) Если он заботился о будущем своих детей,

В) Потому что он заботился о будущем своих детей

Г) Так как он заботился о будущем своих детей,

9. **Испытав тяжёлые страдания**, она всё равно не отказалась от своей цели.

А) Несмотря на то что она испытала тяжёлые страдания,

Б) Так как она испытала тяжёлые страдания,

В) Поскольку она испытала тяжёлые страдания,

Г) Потому что она испытала тяжёлые страдания,

10. **Прочитав роман до конца**, она отдала его своей сестре.

А) Когда она прочитала роман до конца,

Б) Если бы она прочитала роман до конца,

В) Потому что она прочитала роман до конца,

Г) Хотя она прочитала роман до конца,

11. **Выйдя замуж за Алексея**, ты будешь самой счастливой девушкой.

А) Если бы ты вышла замуж за Алексея,

Б) Если ты выйдешь замуж за Алексея,

В) Потому что ты выйдешь замуж за Алексея,

Г) Хотя ты выйдешь замуж за Алексея,

12. **Забыв ключи на работе**, Михаил не смог попасть в квартиру.

А) Поскольку Михаил забыл ключи на работе,

Б) Хотя Михаил забыл ключи на работе,

В) Если бы Михаил забыл ключи на работе,

Г) Потому что Михаил забыл ключи на работе,

13. **Не найдя выхода из сложного положения**, Елена обратилась за советом к маме.

   А) Если бы Елена не нашла выхода из сложного положения,
   Б) Потому что Елена не нашла выхода из сложного положения,
   В) Хотя Елена не нашла выхода из сложного положения,
   Г) Так как Елена не нашла выхода из сложного положения,

14. Андрей привык к суровому климату, **проведя в Сибири полжизни**.

   А) потому что он провёл в Сибири полжизни
   Б) хотя он провёл в Сибири полжизни
   В) когда он провёл в Сибири полжизни
   Г) если бы он провёл в Сибири полжизни

15. **Окончив два вуза**, Пётр смог стать ведущим специалистом фирмы.

   А) Так как Пётр окончил два вуза,
   Б) Если бы Пётр окончил два вуза,
   В) Если Пётр окончил два вуза,
   Г) Хотя Пётр окончил два вуза,

16. **Не зная правил**, не садись играть в шахматы.

   А) Если бы ты не знал правил,
   Б) Хотя ты не знаешь правил,
   В) Потому что ты не знаешь правил,
   Г) Если ты не знаешь правил,

17. **Зная ответы на многие вопросы**, он всё равно не смог победить на Олимпиаде.

   А) Несмотря на то что он знал ответы на многие вопросы,
   Б) Если бы он знал ответы на многие вопросы,
   В) Потому что он знал ответы на многие вопросы,
   Г) Если он знал ответы на многие вопросы,

18. **Повернув направо**, он поехал по просёлочной дороге.

  А) После того как он повернул направо,
  Б) Если бы он повернул направо,
  В) Хотя он повернул направо,
  Г) Потому что он повернул направо,

19. **Не открывая словаря**, ты не сможешь перевести эту статью.

  А) Когда ты не будешь открывать словарь,
  Б) Так как ты не будешь открывать словарь,
  В) Поскольку ты не будешь открывать словарь,
  Г) Если ты не будешь открывать словарь,

20. **Владея четырьмя языками**, он всё-таки не смог найти подходящую работу.

  А) Когда он владел четырьмя языками,
  Б) Несмотря на то что он владел четырьмя языками,
  В) Если бы он владел четырьмя языками,
  Г) Так как он владел четырьмя языками

Тест 8. Управление кратких прилагательных и причастий

Выберите вариант ответа.

1. Курение вредно … .
   - А) со здоровьем
   - Б) для здоровья
   - В) к здоровью
   - Г) на здоровье

2. Она совсем не уверена … .
   - А) в своих силах
   - Б) своими силами
   - В) для своих сил
   - Г) на свои силы

3. Мне кажется, ты несправедлив … .
   - А) об этом коллеге
   - Б) у этого коллеги
   - В) к этому коллеге
   - Г) на этого коллегу

4. Не понимаю, почему она так груба … .
   - А) с тобой
   - Б) к тебе
   - В) для тебя
   - Г) на тебя

5. Её муж абсолютно неприхотлив … .
   - А) с едой
   - Б) на еду
   - В) от еды
   - Г) в еде

6. Много сил и времени было истрачено … .
   - А) в этой работе
   - Б) на эту работу
   - В) от этой работы
   - Г) с этой работой

7. Труд спасателей отмечен … .
   - А) правительственными наградами
   - Б) в правительственных наградах
   - В) на правительственные награды
   - Г) правительственных наград

8. Вчера Инна весь день была занята ... к экзамену.

А) на подготовку
Б) к подготовке
В) подготовки
Г) подготовкой

9. Эта фотография дорога ... как память об отце.

А) моему другу
Б) моего друга
В) у моего друга
Г) с моим другом

10. После ремонта эта комната была превращена ... .

А) с детской
Б) в детскую
В) для детской
Г) детская

11. Уже не один раз Андрей был уличён ... .

А) с обманом
Б) в обмане
В) на обман
Г) к обману

12. Его слова были обращены ... .

А) для всех присутствующих
Б) у всех присутствующих
В) ко всем присутствующим
Г) всеми присутствующими

13. Закалённые люди меньше подвержены ... .

А) простудными заболеваниями
Б) в простудных заболеваниях
В) для простудных заболеваний
Г) простудным заболеваниям

14. Когда я зашла за подругой, она уже была переодета ... .

А) в вечернее платье
Б) у вечернего платья
В) к вечернему платью
Г) в вечернем платье

15. Вода в реке заражена ... .

А) от токсических отходов
Б) токсическими отходами
В) в токсических отходах
Г) к токсическим отходам

16. Нина была обижена … за
    опоздание.

    А) с приятелем
    Б) в приятеле
    В) приятелю
    Г) на приятеля

17. Завтра Ольга свободна
    … .

    А) от домашних дел
    Б) в домашних делах
    В) домашними делами
    Г) на домашние дела

18. Стихи этого поэта близки
    и понятны … .

    А) молодёжи
    Б) молодёжью
    В) на молодёжь
    Г) к молодёжи

19. Моя младшая сестра
    увлечена … .

    А) в фигурном катании
    Б) фигурным катанием
    В) для фигурного катания
    Г) к фигурному катанию

20. Сергей очень независим
    … .

    А) своими суждениями
    Б) от своих суждений
    В) к своим суждениям
    Г) в своих суждениях

Тест 9. Управление кратких причастий и прилагательных

Выберите вариант ответа.

1. Этот учитель признан ... года.

   А) лучшего учителя
   Б) лучшему учителю
   В) лучшим учителем
   Г) о лучшем учителе

2. Игорь всегда приветлив ... .

   А) с коллегами
   Б) к коллегам
   В) для коллег
   Г) от коллег

3. ... необходимы для работы толковые словари.

   А) Нам
   Б) С нами
   В) К нам
   Г) О нас

4. Они поженились 10 лет назад и очень счастливы... .

   А) в браке
   Б) с браком
   В) от брака
   Г) для брака

5. Мой брат абсолютно равнодушен ... .

   А) в классической музыке
   Б) с классической музыкой
   В) к классической музыке
   Г) о классической музыке

6. Права многодетных матерей защищены ... .

   А) законом
   Б) в законе
   В) к закону
   Г) для закона

7. Твоя работа достойна ... .

   А) похвалой
   Б) похвалы
   В) с похвалой
   Г) похвалу

8. Этот учебник рассчитан ... , хорошо владеющих англий- ским языком.

А) к студентам
Б) для студентов
В) о студентах
Г) на студентов

9. Этот рабочий был замечен ... правил безопасности.

А) с нарушением
Б) из-за нарушения
В) в нарушении
Г) к нарушению

10. Ради детей она готова ... .

А) на всё
Б) со всем
В) для всего
Г) во всём

11. Мне кажется, Рита просто не способна ... .

А) в обмане
Б) на обман
В) для обмана
Г) с обманом

12. Идеи этого учёного отра- жены ... .

А) в научных трудах
Б) научных трудов
В) к научным трудам
Г) научными трудами

13. Этот актёр утверждён ... в новом фильме.

А) в главной роли
Б) на главную роль
В) с главной ролью
Г) от главной роли

14. Дом был возвращён ... .

А) прежнему владельцу
Б) прежнего владельца
В) с прежним владельцем
Г) о прежнем владельце

15. Люди с избыточным весом предрасположены ... .

А) с сердечными заболеваниями
Б) для сердечных заболеваний
В) к сердечным заболеваниям
Г) в сердечных заболеваниях

16. Вся его жизнь подчинена
    ... .

    А) работой
    Б) в работу
    В) работе
    Г) для работы

17. Этот роман посвящён ...
    России.

    А) исторического прошлого
    Б) с историческим прошлым
    В) об историческом прошлом
    Г) историческому прошлому

18. Санкт-Петербург известен
    ... .

    А) своим достопримечательно-
       стям
    Б) в своих достопримечательно-
       стях
    В) своими достопримечательно-
       стями
    Г) своих достопримечательно-
       стей

19. В этом году Нобелевская
    премия по физике была
    вручена ... .

    А) японских учёных
    Б) японским учёным
    В) для японских учёных
    Г) с японскими учёными

20. Занятия спортом полезны
    ... .

    А) для здоровья
    Б) на здоровье
    В) со здоровьем
    Г) к здоровью

21. Нина полностью сосредо-
    точена сейчас ... .

    А) со своей диссертацией
    Б) на своей диссертации
    В) в свою диссертацию
    Г) своя диссертация

22. Участники конференции
    размещены ... .

    А) в университетской гостинице
    Б) в университетскую гостиницу
    В) к университетской гостинице
    Г) с университетской
       гостиницей

23. Сергей недавно был повы-
шен ... .

    А) в должности
    Б) должностью
    В) в должность
    Г) от должности

24. Приговор был приведён
... .

    А) от исполнения
    Б) к исполнению
    В) в исполнение
    Г) с исполнением

25. ... не позволено нарушать
закон.

    А) Никого
    Б) Никому
    В) Никем
    Г) Никто

26. Этот текст очень труден
... .

    А) в переводе
    Б) с переводом
    В) для перевода
    Г) к переводу

27. Спектакль поставлен ... .

    А) известным режиссёром
    Б) известному режиссёру
    В) известного режиссёра
    Г) от известного режиссёра

28. Моряки, захваченные пи-
ратами, освобождены ... .

    А) в плену
    Б) из плена
    В) к плену
    Г) пленом

29. Этот человек очень прия-
тен ... .

    А) в общении
    Б) к общению
    В) от общения
    Г) с общением

30. Несмотря на возраст, он
полон ... .

    А) в силах
    Б) сил
    В) с силами
    Г) силам

Тест 10. Управление кратких причастий и прилагательных

Выберите вариант ответа.

1. Тренер баскетбольной команды доволен ... .

   А) результату игры
   Б) с результатом игры
   В) результатом игры
   Г) при результате игры

2. Татьяна ничуть не была удивлена ... Андрея.

   А) приезду
   Б) к приезду
   В) в приезде
   Г) с приездом

3. Работа участников музыкального конкурса достойна ... .

   А) с высокой оценкой
   Б) высокой оценкой
   В) за высокую оценку
   Г) высокой оценки

4. Посмотри, как он горд ... .

   А) себя
   Б) собой
   В) о себе
   Г) с собой

5. ... дорога твоя дружба.

   А) Мной
   Б) Мне
   В) Со мной
   Г) От меня

6. Будь снисходителен ... .

   А) о ней
   Б) ей
   В) к ней
   Г) её

7. ... ты так расстроена?

   А) О чём
   Б) Чем
   В) Чему
   Г) С чем

8. ... не свойственно брать чужое.

А) С ним
Б) О нём
В) К нему
Г) Ему

9. Люди этого города должны быть обеспечены ... .

А) пресной воде
Б) пресной водой
В) с пресной водой
Г) в пресной воде

10. Приходите чаще, я всегда ... рада.

А) вас
Б) с вами
В) к вам
Г) вам

11. Лесопарк удалён ... на 10 километров.

А) с городом
Б) от города
В) между городом
Г) за городом

12. В этой стране долгое время церковь была отделена ... .

А) государством
Б) от государства
В) государства
Г) государству

13. По-моему, она разочарована ... .

А) своего избранника
Б) со своим избранником
В) в своём избраннике
Г) от своего избранника

14. Поведение любого иностранца ограничено ... закона.

А) рамками
Б) в рамках
В) к рамкам
Г) рамок

15. Внимание петербуржцев было приковано ... «Зенит — ЦСКА».

А) матчем
Б) к матчу
В) о матче
Г) с матчем

16. Её докторская диссертация посвящена ... адаптации.
   - А) проблеме
   - Б) о проблеме
   - В) проблемой
   - Г) с проблемой

17. Его неудачное выступление на Олимпиаде связано ... .
   - А) плохой подготовкой
   - Б) на плохую подготовку
   - В) с плохой подготовкой
   - Г) в плохой подготовке

18. Евгений очень внимателен ... .
   - А) людям
   - Б) людьми
   - В) о людях
   - Г) к людям

19. Депутат парламента был замешан ... .
   - А) в скандале
   - Б) со скандалом
   - В) скандалом
   - Г) на скандале

20. Михаил — хороший семьянин: он очень привязан ... .
   - А) детьми
   - Б) с детьми
   - В) о детях
   - Г) к детям

21. Он ... озабочен, и ему не до смеха.
   - А) чему-то
   - Б) с чем-то
   - В) чем-то
   - Г) о чём-то

22. Елена обиделась на Павла: он был груб ... .
   - А) на неё
   - Б) ей
   - В) о ней
   - Г) с ней

23. Футбольное поле было разделено ... .
   - А) две половины
   - Б) двум половинам
   - В) на две половины
   - Г) на двух половинах

24. Основное внимание было уделено ... .

А) фигурному катанию
Б) фигурным катанием
В) о фигурном катании
Г) в фигурном катании

25. Сергей был влюблён ... с детства.

А) с ней
Б) о ней
В) в неё
Г) в ней

26. Пётр Иванович женат ... .

А) на Антонине Григорьевне
Б) на Антонину Григорьевну
В) с Антониной Григорьевной
Г) Антонину Григорьевну

27. Людмила была замужем ... .

А) за Андрея
Б) за Андреем
В) Андрею
Г) Андрея

28. В настоящее время Людмила разведена ... .

А) со своим мужем
Б) своему мужу
В) за своего мужа
Г) своего мужа

29. Володя с детства приучен ... .

А) за порядок
Б) о порядке
В) к порядку
Г) порядком

30. Я ... многим обязана.

А) её
Б) с ней
В) ей
Г) к ней

Тест 11

Выберите вариант ответа, который соответствует значению выделенных слов и выражений.

1. Игорь вышел из дома и **не спеша** пошёл по улице.

   А) когда?
   Б) почему?
   В) как?
   Г) зачем?

2. Виктор вскочил и **пулей** вылетел из комнаты.

   А) зачем?
   Б) как?
   В) где?
   Г) почему?

3. **Обиженная** на брата за грубость, она долго не звонила ему.

   А) когда?
   Б) почему?
   В) как?
   Г) зачем?

4. Он лежал на диване **с закрытыми глазами**.

   А) почему?
   Б) как?
   В) когда?
   Г) какой?

5. Я пойду в библиотеку за учебником **к экзамену**.

   А) зачем?
   Б) каким?
   В) когда?
   Г) где?

6. У Андрея пересохло в горле, он **залпом** выпил стакан холодной воды.

   А) почему?
   Б) зачем?
   В) когда?
   Г) как?

7. Мальчик тянул дверь **изо всех сил**, но не мог открыть её.

   А) почему?
   Б) каких?
   В) как?
   Г) где?

8. Алла рассказывала, что с ней случилось, а мама **молча** слушала.

А) зачем?
Б) когда?
В) какая?
Г) как?

9. Этот композитор часто пишет музыку **к кино-фильмам**.

А) какую?
Б) как?
В) где?
Г) когда?

10. **От яркого солнца** у меня заболели глаза.

А) почему?
Б) как?
В) когда?
Г) зачем?

11. **Расстроенный** болезнью сына, он не мог сосредоточиться на работе.

А) как?
Б) почему?
В) когда?
Г) чем?

12. В театре я встретил друга **по университету**.

А) какого?
Б) где?
В) почему?
Г) когда?

13. Артисты выступили с концертом в доме **для престарелых**.

А) где?
Б) как?
В) каком?
Г) зачем?

14. Вчера я весь вечер готовилась к экзамену **по литературе**.

А) зачем?
Б) какому?
В) как?
Г) когда?

15. **Растерявшись** от неожиданности, Андрей не мог сказать ни слова.

А) когда?
Б) как?
В) почему?
Г) какой?

16. Мне надо купить вазу **для цветов**.

    А) зачем?
    Б) где?
    В) какую?
    Г) что?

17. Мою сестру отправили в санаторий **на лечение**.

    А) где?
    Б) почему?
    В) зачем?
    Г) как?

18. Андрей **от обиды** наговорил отцу много резких слов.

    А) зачем?
    Б) когда?
    В) почему?
    Г) где?

19. Лошадь скакала **галопом**, но неожиданно споткнулась и упала.

    А) как?
    Б) почему?
    В) куда?
    Г) когда?

20. После тренажёрного зала у меня **с непривычки** болели руки и ноги.

    А) как?
    Б) какой?
    В) почему?
    Г) зачем?

Тест 12. Неопределённые местоимения и наречия

Выберите вариант ответа.

1. Тебе звонил человек, которого я не знаю.

   А) Тебе кто-то звонил.
   Б) Тебе кое-кто звонил.

2. Мне нужно купить подарок маме, и я знаю, что купить.

   А) Мне нужно кое-что купить маме.
   Б) Мне нужно что-нибудь купить маме.

3. Есть человек, который говорит по-английски?

   А) Кто-то говорит по-английски?
   Б) Кто-нибудь говорит по-английски?

4. Я хочу задать тебе вопрос, который меня волнует.

   А) Я хочу тебя спросить о чём-нибудь.
   Б) Я хочу тебя кое о чём спросить.

5. Я уже видел этого человека, но не помню, где.

   А) Где-то я уже видел этого человека.
   Б) Кое-где я уже видел этого человека.

6. Ты видел в своей жизни солнечное затмение?

   А) Ты когда-то видел солнечное затмение?
   Б) Ты когда-нибудь видел солнечное затмение?

7. Ты едешь отдыхать?! Куда?

   А) Ты куда-нибудь едешь отдыхать?
   Б) Ты куда-то едешь отдыхать?

8. Сюрприз! Я спрятал подарок для тебя.

   А) Я спрятал что-нибудь для тебя.
   Б) Я спрятал кое-что для тебя.

9. На пальто в разных местах были видны пятна.

А) Кое-где на пальто были видны пятна.

Б) Где-то на пальто были видны пятна.

10. Купи на ужин продукты, всё равно какие.

А) Купи что-нибудь на ужин.

Б) Купи кое-что на ужин.

11. Он не готовился к экзамену, но непонятным образом сдал его на «4».

А) Он не готовился к экзамену, но как-то сдал его на «4».

Б) Он не готовился к экзамену, но кое-как сдал его на «4».

12. Он всё делает плохо.

А) Он всё делает как-то.

Б) Он всё делает кое-как.

13. — Как поджарить яйца?
— Да всё равно как.

А) — Да как-нибудь.

Б) — Да кое-как.

14. Дай мне фломастер, всё равно какой!

А) Дай мне какой-то фломастер.

Б) Дай мне какой-нибудь фломастер.

15. Эти цветы принесла незнакомая мне женщина.

А) Эти цветы принесла какая-то женщина.

Б) Эти цветы принесла кое-какая женщина.

16. У тебя есть деньги? Хотя бы немного.

А) У тебя есть кое-какие деньги?

Б) У тебя есть какие-нибудь деньги?

17. Дай мне любой толковый словарь.

А) Дай мне какой-нибудь толковый словарь.

Б) Дай мне кое-какой толковый словарь.

18. Дима уже купил несколько билетов, но я не знаю сколько.

А) Дима уже купил сколько-то билетов.

Б) Дима купил сколько-нибудь билетов.

19. Давай пойдём в театр. Всё равно в какой.

А) Давай пойдём в какой-то театр.

Б) Давай пойдём в какой-нибудь театр.

20. Давай пообедаем в любом кафе на Невском проспекте.

А) Давай пообедаем в каком-нибудь кафе на Невском проспекте.

Б) Давай пообедаем в каком-то кафе на Невском проспекте.

Тест 13. Неопределённые местоимения и наречия

Выберите вариант ответа, который по смыслу наиболее близок данным предложениям.

1. Расскажи мне любую смешную историю.

А) Расскажи какую-нибудь смешную историю.

Б) Расскажи какую-то смешную историю.

В) Расскажи кое-какую смешную историю.

2. Мне нужно купить продукты, и я знаю какие.

А) Мне нужно купить кое-какие продукты.

Б) Мне нужно купить какие-нибудь продукты.

В) Мне нужно купить какие-либо продукты.

3. Давай встретимся в любом месте недалеко от метро «Маяковская».

А) Давай встретимся где-нибудь недалеко от метро.
Б) Давай встретимся где-то недалеко от метро.
В) Давай встретимся кое-где недалеко от метро.

4. Дай мне, пожалуйста, попить. Неважно что.

А) Дай, пожалуйста, что-то попить.
Б) Дай, пожалуйста что-нибудь попить.
В) Дай, пожалуйста, кое-что попить.

5. Извини, меня ждут, я должна поговорить.

А) Я должна кое с кем поговорить.
Б) Я должна с кем-то поговорить.
В) Я должна с кем-нибудь поговорить.

6. Она ушла, но не сказала куда.

А) Она куда-нибудь ушла.
Б) Она куда-то ушла.
В) Она кое-куда ушла.

7. Я бы почитала сейчас любой детектив.

А) Я хочу почитать какой-то детектив.
Б) Я хочу почитать какой-нибудь детектив.
В) Я хочу почитать кое-какой детектив.

8. Я спрятала паспорт, но сейчас не помню куда.

А) Я куда-нибудь спрятала паспорт.
Б) Я куда-то спрятала паспорт.
В) Я кое-куда спрятала паспорт.

9. Пусть любой из вас сбегает за хлебом.

А) Пусть кто-нибудь из вас сбегает за хлебом.
Б) Пусть кто-то из вас сбегает за хлебом.
В) Пусть кое-кто из вас сбегает за хлебом.

10. Давай встретимся, когда тебе удобно, пообедаем вместе.

А) Давай когда-то встретимся.
Б) Давай когда-нибудь встретимся.
В) Давай когда-либо встретимся.

11. Я попросила одного своего знакомого помочь нам.

А) Я кое-кого попросила о помощи.
Б) Я кого-то попросила о помощи.
В) Я кого-нибудь попросила о помощи.

12. Я давно хочу задать тебе один вопрос, но никак не получается.

А) Я хочу задать тебе какой-то вопрос.
Б) Я хочу задать тебе кое-какой вопрос.
В) Я хочу задать тебе какой-нибудь вопрос.

13. К тебе заходил твой знакомый, но я не помню его имя.

А) К тебе заходил какой-нибудь знакомый.
Б) К тебе заходил какой-то знакомый.
В) К тебе заходил кое-какой знакомый.

14. Как хочется поехать туда, где светит солнце. В любое место.

А) Хочется куда-нибудь поехать.
Б) Хочется кое-куда поехать.
В) Хочется куда-то поехать.

15. Мне нужно поговорить с некоторыми из вас. Потом я скажу с кем.

А) Мне нужно поговорить с кем-то из вас.
Б) Мне нужно поговорить кое с кем из вас.
В) Мне нужно поговорить с кем-нибудь из вас.

16. Мама, сказала, что купила очень вкусные конфеты, но не сказала какие.

А) Мама купила какие-то конфеты.
Б) Мама купила какие-нибудь конфеты.
В) Мама купила кое-какие конфеты.

17. Лида ждёт свою подругу, но я её не знаю.

А) Лида кого-то ждёт.
Б) Лида кого-нибудь ждёт.
В) Лида кое-кого ждёт.

18. Она позвала меня, но забыла, что хотела сказать.

А) Она хотела что-то сказать.
Б) Она хотела кое-что сказать.
В) Она хотела что-нибудь сказать.

19. Я должна сделать ещё одну работу перед уходом домой.

А) Я должна кое-что сделать.
Б) Я должна что-то сделать.
В) Я должна что-нибудь сделать.

20. Нам нужно встретиться и обсудить очень важный вопрос.

А) Нам нужно кое-что обсудить.
Б) Нам нужно что-нибудь обсудить.
В) Нам нужно что-то обсудить.

Тест 14. Сложное предложение

Выберите вариант ответа.

1. Он никак не мог решить: ... пойти в кино, ... остаться дома.

А) и ... и ...
Б) ни ... ни ...
В) то ... то ...
Г) то ли ... то ли ...

2. Сегодня погода меняется весь день: ... солнце светит, ... идёт дождь.

А) ни ... ни ...
Б) то ли ... то ли ...
В) то ... то ...
Г) да ... да ...

3. Нам очень трудно помириться: ... сестра не прощает меня, ... я не уступаю ей.

   А) или ... или ...
   Б) ни ... ни ...
   В) не то ... не то ...
   Г) да ... да ...

4. Никак не могу сосредоточиться на работе: ... телефон звонит, ... ребёнок отвлекает.

   А) ни ... ни ...
   Б) то ... то ...
   В) не то ... не то ...
   Г) то ли ... то ли ...

5. Не знаю, почему я проспала: ... забыла завести будильник, ... не слышала его.

   А) и ... и ...
   Б) ни ... ни ...
   В) то ... то ...
   Г) то ли ... то ли ...

6. Давайте решим, что делать в воскресенье: ... поедем в аквапарк, ... пойдём на выставку.

   А) да ... да ...
   Б) или ... или ...
   В) ни ... ни ...
   Г) то ... то ...

7. Игорь не может жить без путешествий: ... он идёт в горы, ... плавает на байдарке по рекам.

   А) ни ... ни ...
   Б) не то ... не то ...
   В) и ... и ...
   Г) то ... то ...

8. Спектакль оставил меня равнодушным: ... актёры плохо играли, ... я был не в настроении.

   А) то ... то ...
   Б) ни ... ни ...
   В) то ли ... то ли ...
   Г) да ... да ...

9. ... ты выслушаешь меня, ... мы поссоримся.

   А) Или ... или ...
   Б) То ... то ...
   В) Не то ... не то ...
   Г) И ... и ...

10. Я довольна своей поездкой в Москву: ... дела сделала, ... по городу погуляла.

   А) или ... или ...
   Б) ни ... ни ...
   В) то ... то ...
   Г) и ... и ...

11. Конференция прошла хорошо: ... до-
    клады были интересные, ... культур-
    ная программа насыщенная.

    А) и ... и ...
    Б) то ... то ...
    В) или ... или ...
    Г) ни ... ни ...

12. Мы так и не решили эту проблему: ...
    она меня ни о чём не спросила, ... я ей
    ничего не сказала.

    А) или ... или ...
    Б) да ... да ...
    В) ни ... ни ...
    Г) не то ... не то ...

13. Не могу понять: ... она сердится на
    меня, ... завидует мне.

    А) то ли ... то ли ...
    Б) ни ... ни ...
    В) да ... да ...
    Г) и ... и ...

14. Давай договоримся: ... ты переде-
    лаешь эту работу, ... её сделает кто-
    нибудь другой.

    А) то ... то ...
    Б) или ... или ...
    В) и ... и ...
    Г) ни ... ни ...

15. Не знаю, почему мне было трудно пе-
    реводить этот текст: ... много незна-
    комых слов, ... конструкции сложные.

    А) да... да ...
    Б) то ли ... то ли ...
    В) ни ... ни ...
    Г) то ... то ...

16. Я люблю, ... в квартире был порядок.

    А) что
    Б) так как
    В) чтобы
    Г) когда

17. Боюсь, ... простудиться.

    А) как бы не
    Б) если бы не
    В) когда бы не
    Г) хотя бы не

18. Стоило ему войти в комнату, ... все за-
    сыпали его вопросами.

    А) после того как
    Б) прежде чем
    В) как
    Г) когда

19. Я редко слышу, … незнакомым гово-
рили «ты».

    А) как
    Б) словно
    В) так как
    Г) чтобы

20. Я жду, … ты соберёшься.

    А) пока
    Б) как только
    В) прежде чем
    Г) как

21. Каждый день я вижу, … растёт мой ребёнок.

    А) когда
    Б) пока
    В) как
    Г) если

22. Мы выяснили, … можно обратиться за
информацией.

    А) с кем
    Б) у кого
    В) к кому
    Г) о ком

23. Мы хотели закончить уборку, … пришли родители.

    А) пока
    Б) когда
    В) как только
    Г) пока не

24. … я говорила по телефону, мой кот за-
лез на шкаф.

    А) Как только
    Б) Как
    В) Пока
    Г) После того как

25. Не успел Виктор ответить, … Ольга
перебила его.

    А) пока
    Б) когда
    В) как только
    Г) как

26. Он отвечал таким образом, … возни-
кали всё новые вопросы.

    А) что
    Б) как
    В) будто
    Г) хотя

27. Выступающий приводил такие при-
меры, ... слушающим всё было понятно.

    А) чтобы
    Б) пока
    В) как
    Г) раз

28. Я прихожу в библиотеку, ... открыва-
ется читальный зал.

    А) в связи с тем что
    Б) пока не
    В) как только
    Г) пока

29. Сестра не ходила в театры, ... закон-
чила дипломную работу.

    А) если
    Б) пока
    В) когда
    Г) пока не

30. ... ты настаиваешь на этом разговоре,
давай обсудим всё серьёзно.

    А) Раз
    Б) Несмотря на то что
    В) Хотя
    Г) Чтобы

Тест 15. Сложное предложение

Выберите вариант ответа.

1. ... покупать такую вещь, надо как следует подумать.

    А) Прежде чем
    Б) Когда
    В) Если бы
    Г) Как ни

2. Я бы тебя навестила, ... я знала, что ты
болел.

    А) в то время как
    Б) если
    В) если бы
    Г) как ни

3. ... вода в Финском заливе была холод-
ная, мы все искупались.

    А) Как ни
    Б) Хотя
    В) Если
    Г) Как

4. Он не смог преодолеть страх, … ста-
   рался.

   А) в то время как
   Б) когда
   В) если бы
   Г) как ни

5. Она всегда брала машину напрокат, …
   отдыхала.

   А) где бы ни
   Б) где
   В) хотя
   Г) если бы

6. Вокруг один снег, … посмотри.

   А) как ни
   Б) куда ни
   В) если
   Г) когда ни

7. … тебе хочется развести сад, тебе придётся нанять садовника.

   А) В то время как
   Б) Если бы
   В) Когда
   Г) Если

8. Андрей уже учился в университете, …
   Лена ходила в школу.

   А) если
   Б) хотя
   В) в то время как
   Г) так как

9. В театр Ирина не попала, … не смогла
   перенести занятия.

   А) когда
   Б) если
   В) в то время как
   Г) так как

10. … просил её муж бросить курить, она
    не смогла отказаться от сигарет.

    А) Как ни
    Б) Так как
    В) Если бы
    Г) В то время как

11. … говори «халва», во рту слаще не
    станет.

    А) Хотя
    Б) Сколько ни
    В) Когда
    Г) В то время как

12. Надо сделать всё, что возможно, ... говорить, что ничего нельзя изменить.

А) если
Б) в то время как
В) как бы ни
Г) прежде чем

13. Он всегда берёт собаку с собой, ... ехал.

А) куда бы ни
Б) где бы ни
В) как бы ни
Г) куда ни

14. Антонина достигла всего, чего желала, ... никто не верил в её успехи.

А) хотя
Б) если
В) так как
Г) как ни

15. ... отправить письмо, нужно исправить ошибки.

А) Если
Б) В то время как
В) Прежде чем
Г) Когда

16. Я купила бы этот тур, ... ты захотела поехать со мной.

А) если бы
Б) если
В) так как
Г) когда

17. Я тебе расскажу, ... решается эта задача.

А) если бы
Б) если
В) как
Г) как ни

18. Он тебе всегда поможет, ... случилось.

А) если бы
Б) что бы ни
В) если
Г) как бы ни

19. Мы решили ехать на дачу, ... было уже очень поздно.

А) если бы
Б) прежде чем
В) в то время как
Г) хотя

20. ... начинались занятия, он никогда на них не опаздывал.

    А) Во сколько бы ни
    Б) Если бы
    В) Когда
    Г) Как бы ни

Тест 16. Сложное предложение

Выберите вариант ответа.

1. Ей кажется, ... Петру не хочется уезжать за границу.

    А) как
    Б) чтобы
    В) что
    Г) когда

2. Она ничего никому не сказала, ... знала всё.

    А) по мере того как
    Б) хотя и
    В) когда
    Г) пока не

3. ... менялись обстоятельства, Денис находил новые решения проблемы.

    А) Как
    Б) Потому что
    В) Пока не
    Г) По мере того как

4. Учёный долго экспериментировал, ... получил нужного результата.

    А) пока не
    Б) когда
    В) по мере того как
    Г) чтобы

5. ... в семье Аркадия родился ребёнок, им потребовалась няня.

    А) Как
    Б) Потому что
    В) По мере того как
    Г) Как только

6. ... времени на научную работу не оставалось, Татьяна решила уволиться с работы.

    А) Поскольку
    Б) Потому что
    В) В то время как
    Г) Хотя

7. Она боялась, ... проговориться и не раскрыть чужого секрета.

    А) чтобы
    Б) как бы не
    В) раз
    Г) пока не

8. Он будет тренироваться, ... победит.

    А) в то время как
    Б) чтобы
    В) пока не
    Г) по мере того как

9. ... с утра лил дождь, Маргарита отправилась на дачу.

    А) Хотя
    Б) По мере того как
    В) Так как
    Г) Потому что

10. ... времени на сборы оставалось мало, мы решили поторопиться.

    А) Если
    Б) Хотя
    В) Потому что
    Г) Так как

11. Джулия долго думала, ... найти выход из сложного положения.

    А) что
    Б) как
    В) если
    Г) как бы не

12. Не ходи на этот спектакль, ... тебе не нравится эта пьеса.

    А) что
    Б) когда
    В) хотя
    Г) раз

13. Директор фирмы не принимает посетителей, ... он уехал в командировку.

    А) раз
    Б) в связи с тем что
    В) если
    Г) когда

14. Пётр сидел с детьми, ... Елена готовилась к защите диссертации.

    А) в то время как
    Б) если
    В) как
    Г) хотя

15. Марина не смогла пойти на премьеру,
    … ей не удалось купить билет.

    А) если
    Б) поскольку
    В) раз
    Г) чтобы

16. … кончится дождь, я тебя никуда не
    отпущу.

    А) Если
    Б) Пока не
    В) По мере того как
    Г) Поскольку

17. … ты сейчас откажешься от этой ра-
    боты, то потом пожалеешь.

    А) Раз
    Б) Когда
    В) Если
    Г) Так как

18. Леонид шёл по скользкой мостовой,
    думая, … упасть.

    А) чтобы
    Б) что
    В) как бы не
    Г) как

19. Владимир сидел и думал, … делать,
    как себя вести в этой ситуации.

    А) как
    Б) что
    В) чтобы
    Г) как бы не

20. … решение уже было принято, поздно
    было что-либо менять.

    А) Так как
    Б) Чтобы
    В) По мере того как
    Г) Хотя

Тест 17. Сложное предложение

Выберите вариант ответа.

1. Она не знала, что делать: ... вызывать врача, ... самой пойти в поликлинику.

   А) и ... и ...
   Б) ни ... ни ...
   В) то ... то ...
   Г) то ли ... то ли ...

2. У неё настроение меняется каждую минуту: ... она смеётся, ... хмурится.

   А) ни ... ни ...
   Б) то ли ... то ли ...
   В) то ... то ...
   Г) да ... да ...

3. Братья часто ссорятся: ... один не уступает, ... другой.

   А) или ... или ...
   Б) ни ... ни ...
   В) не то ... не то ...
   Г) да ... да ...

4. Сестра делает домашнее задание очень невнимательно: ... телевизор смотрит, ... болтает по телефону.

   А) ни ... ни ...
   Б) то ... то ...
   В) не то ... не то ...
   Г) то ли ... то ли ...

5. Не знаю, что делать: ... ехать в Москву, ... не ехать.

   А) и ... и ...
   Б) ни ... ни ...
   В) то ... то ...
   Г) то ли ... то ли ...

6. Выбери какое-нибудь одно платье: тебе идёт ... голубое, ... красное.

   А) да ... да ...
   Б) и ... и ...
   В) ни ... ни ...
   Г) то ... то ...

7. Анна не может жить без развлечений: ... она идёт на танцы, ... мчится на концерт.

   А) ни ... ни ...
   Б) не то ... не то ...
   В) и ... и ...
   Г) то ... то ...

8. Я не мог понять: ... она шутит, ... говорит серьёзно.

    А) то ... то ...
    Б) ни ... ни ...
    В) то ли ... то ли ...
    Г) да ... да ...

9. Давай решим: ... мы едем на юг вместе, ... я еду одна.

    А) Или ... или ...
    Б) То ... то ...
    В) Не то ... не то ...
    Г) И ... и ...

10. Я довольна своим сыном: он ... учится хорошо, ... успевает заниматься
спортом.

    А) или ... или ...
    Б) ни ... ни ...
    В) то ... то ...
    Г) и ... и ...

11. Поездка в Милан была прекрасной:
... город осмотрели, ... оперу послу-
шали.

    А) и ... и ...
    Б) то ... то ...
    В) или ... или ...
    Г) ни ... ни ...

12. Мы так и не помирились: ... она не
уступила мне, ... я ей.

    А) или ... или ...
    Б) да ... да ...
    В) ни ... ни ...
    Г) не то ... не то ...

13. Я не могу решить, когда поехать в Петергоф: ... сегодня, ... завтра.

    А) то ли ... то ли ...
    Б) ни ... ни ...
    В) да ... да ...
    Г) и ... и ...

14. Давай решим: ... ты позвонишь Андрею, ... я напишу ему.

    А) то ... то ...
    Б) или ... или ...
    В) и ... и ...
    Г) ни ... ни ...

15. Я не знаю, откуда эта студентка: ... из
Испании, ... из Италии.

    А) и ... и ...
    Б) то ли ... то ли ...
    В) ни ... ни ...
    Г) то ... то ...

16. Я люблю, ... в вазе стояли живые цветы.

    А) что
    Б) так как
    В) чтобы
    Г) когда

17. Вчера я попала под проливной дождь. Боюсь, ... заболеть.

    А) как бы не
    Б) если бы не
    В) когда бы не
    Г) хотя бы не

18. Стоило ей начать петь, ... все замолчали.

    А) после того как
    Б) прежде чем
    В) как
    Г) когда

19. Я не помню, ... она когда-нибудь обидела меня.

    А) как
    Б) словно
    В) так как
    Г) чтобы

20. ... Наташа пила кофе, Ольга говорила по телефону.

    А) Пока
    Б) Как только
    В) Прежде чем
    Г) Как

21. Я вижу, ... моя сестра повзрослела.

    А) когда
    Б) пока
    В) как
    Г) если

22. Я не знаю, ... можно подойти с этим вопросом.

    А) с кем
    Б) у кого
    В) к кому
    Г) о ком

23. Таня хотела накрыть на стол, ... пришли гости.

    А) пока
    Б) когда
    В) как только
    Г) пока не

24. ... мама готовила обед, сын играл на компьютере.

А) Как только
Б) Как
В) Пока
Г) После того как

25. Не успела я подумать о сестре, ... она мне позвонила.

А) пока
Б) когда
В) как только
Г) как

26. Она говорила так тихо, ... я ничего не могла разобрать.

А) что
Б) как
В) будто
Г) хотя

27. Преподаватель говорил медленно, ... студенты успели записать вопросы.

А) чтобы
Б) пока
В) как
Г) раз

28. Я встаю утром, ... звонит будильник.

А) в связи с тем что
Б) пока не
В) как только
Г) пока

29. Она не легла спать, ... написала письмо сестре.

А) если
Б) пока
В) когда
Г) пока не

30. ... ты заболел, надо вызвать врача.

А) Раз
Б) Несмотря на то что
В) Хотя
Г) Чтобы

Тест 18. Сложное предложение

Выберите вариант ответа.

1. Не стой на пороге: ... уходи, ... давай пройдём в комнату.

   А) или ... или ...
   Б) то ли ... то ли ...
   В) то ... то ...
   Г) ни ... ни ...

2. Никто не хочет мириться: ... Елена ему не звонит, ... он ей.

   А) то ли ... то ли ...
   Б) и ... и ...
   В) ни ... ни ...
   Г) не то ... не то ...

3. У Ольги всё в порядке: ... работу нашла, ... муж поправился.

   А) то ... то ...
   Б) и ... и ...
   В) или ... или ...
   Г) то ли ... то ли ...

4. Свадьба почему-то расстроилась: ... жених виноват, ... невеста передумала.

   А) то ... то ...
   Б) ни ... ни ...
   В) и ... и ...
   Г) не то ... не то ...

5. Я не знаю, где перчатки: ... я их потеряла, ... муж убрал в шкаф.

   А) то ли ... то ли ...
   Б) то ... то ...
   В) и ... и ...
   Г) ни ... ни ...

6. Он так и не смог отдохнуть летом: ... его мама болела, ... дедушка сломал ногу.

   А) то ... то ...
   Б) или ... или ...
   В) то ли ... то ли ...
   Г) не то ... не то ...

7. Я предлагаю два варианта: ... ты едешь с бабушкой, ... бабушка остаётся здесь.

   А) то ли ... то ли ...
   Б) или ... или ...
   В) то ... то ...
   Г) не то ... не то ...

8. Погода менялась в течение дня: ... шёл дождь, ... выглядывало солнце.

    А) не то ... не то ...
    Б) то ли ... то ли ...
    В) или ... или ...
    Г) то ... то ...

9. Я не помню, чем кончился фильм: ... герой спасся, ... его убили.

    А) то ли ... то ли ...
    Б) то ... то ...
    В) и ... и ...
    Г) ни ... ни ...

10. Никто точно не знает, ... он украл, ... у него украли.

    А) ни ... ни ...
    Б) и ... и ...
    В) не то ... не то ...
    Г) то ... то ...

11. Ему ... в отпуск поехать хочется, ... денег нет.

    А) и ... да ...
    Б) или ... или ...
    В) то... то ...
    Г) то ли ... то ли ...

12. Ему ... в отпуск поехать хочется, ... работу жаль бросать.

    А) не то ... не то ...
    Б) и ... и ...
    В) то ли ... то ли ...
    Г) или ... или ...

13. Он собирается стать ... стоматологом, ... офтальмологом.

    А) ни ... ни ...
    Б) или ... или ...
    В) то ... то ...
    Г) и ... да ...

14. Перед крыльцом пробежал ... ёжик, ... мышонок.

    А) то ... то ...
    Б) ни ... ни ...
    В) не то ... не то ...
    Г) и ... и ...

15. Она покрасила волосы ... в рыжий, ... в каштановый цвет.

    А) и ... и ...
    Б) не то ... не то ...
    В) то ... то ...
    Г) и ... да ...

16. Ему ... плакать хочется, ... плакать нельзя.

  А) или ... или ...
  Б) то ли ... то ли ...
  В) и ... да ...
  Г) то ... то ...

17. Эту симфонию сочинил ... Бетховен, ... Шостакович.

  А) и ... и ...
  Б) то ли ... то ли ...
  В) то ... то ...
  Г) и ... да ...

18. Узнав, что она победила, она ... плакала, ... смеялась.

  А) то ... то ...
  Б) и ... да ...
  В) ни ... ни ...
  Г) то ли ... то ли ...

19. Посмотри, какая погода: ... дождь, ... ветер.

  А) то ли ... то ли ...
  Б) и ... и ...
  В) не то ... не то ...
  Г) и ... да ...

20. В результате она не успела ... в театр, ... на собрание.

  А) и ... и ...
  Б) то ... то ...
  В) не то ... не то ...
  Г) ни ... ни ...

Тест 19. Паронимы

Выберите вариант ответа.

1. Д.И. Менделеев — ... русский химик.
    А) великий
    Б) величественный

2. ... здание собора видно издалека.
    А) Великое
    Б) Величественное

3. После ссоры у Андрея был ... вид.
    А) виноватый
    Б) виновный

4. Суд признал обвиняемого ... .
    А) виноватым
    Б) виновным

5. Я не ..., что опоздал на встречу.
    А) виноват
    Б) виновен

6. Завтра концерт, поэтому сегодня будет ... репетиция.
    А) генеральная
    Б) генеральская

7. Я не знала, что Анна — ... дочь.
    А) генеральная
    Б) генеральская

8. Перед Новым годом мы всегда делаем ... уборку.
    А) генеральную
    Б) генеральскую

9. ... план реконструкции исторического города принят.
    А) Генеральный
    Б) Генеральский

10. Самолёт доставил в пострадавший от наводнения район ... помощь.
    А) гуманистическую
    Б) гуманитарную

11. Он очень ... человек.
    А) гуманный
    Б) гуманистический

12. В университете Ольга изучает ... науки.
    А) гуманитарные
    Б) гуманистические

13. Между этими двумя странами суще-
    ствуют давние ... отношения.
    А) экономические
    Б) экономичные

14. Моя подруга очень ... хозяйка.
    А) экономичная
    Б) экономная

15. На встречу с президентом страны
    были приглашены ... работники.
    А) дипломатические
    Б) дипломатичные

16. Он давно оставил ... работу и сейчас
    на пенсии.
    А) дипломатическую
    Б) дипломную

17. Мария очень ... человек.
    А) дипломатический
    Б) дипломатичный

18. Наше ... бюро было создано 20 лет
    назад.
    А) конструктивное
    Б) конструкторское

19. Его ... помощь дала возможность луч-
    ше решить проблему.
    А) конструктивная
    Б) конструкторская

20. Он оказался ... свидетелем престу-
    пления.
    А) единичным
    Б) единственным

21. На небе ни ... облачка.
    А) единого
    Б) единственного

22. Сентябрь в этом году был очень ... .
    А) дождевой
    Б) дождливый

23. Полезно мыть голову ... водой.
    А) дождевой
    Б) дождливой

24. Меня испугал его ... взгляд.
    А) вражеский
    Б) враждебный

25. В результате тяжёлых боёв ... войска
    отступили.
    А) вражеские
    Б) враждебные

26. Это ... фонетическая ошибка для ис-
    паноговорящих.
    А) типичная
    Б) типовая

27. Новый район застроен ... зданиями.
   А) типовыми
   Б) типичными

28. Мне нужно купить большой ... горшок.
   А) цветочный
   Б) цветовой

29. Сестра нарисовала этот рисунок ... карандашами.
   А) цветовыми
   Б) цветными

30. На полу лежал ... ковёр.
   А) цветовой
   Б) цветистый

31. Мой друг ... во всём.
   А) удачен
   Б) удачлив

32. Я купила ... обои: очень красивые и недорогие.
   А) удачные
   Б) удачливые

33. Виктор предложил ... способ работы над проектом.
   А) эффектный
   Б) эффективный

34. Светлана пришла в гости в ... платье.
   А) эффектном
   Б) эффективном

35. Выступление фигуристов было ... .
   А) эффектным
   Б) эффективным

36. Мы шли по ... берегу и любовались закатом.
   А) песчаному
   Б) песочному

37. На территории университета есть ... комплекс.
   А) гостевой
   Б) гостиничный

38. Ты можешь остаться у нас и переночевать в ... комнате.
   А) гостевой
   Б) гостиничной

39. Ты всегда ... гость в нашем доме.
   А) желанный
   Б) желательный

40. Сентябрь — ... срок окончания этой работы.
   А) желанный
   Б) желательный

Тест 20. Паронимы

Выберите вариант ответа.

1. Нефть стала дорого стоить на ... рынке.

   А) мирном
   Б) мировом
   В) мирском

2. Оба министра договорились решить проблему ... путём.

   А) мировым
   Б) мирным
   В) мирским

3. Александр решил сменить ... жизнь на жизнь в монастыре.

   А) мирскую
   Б) мирную
   В) мировую

4. В этой конфете ... орех или фундук?

   А) греческий
   Б) грецкий
   В) гречневый

5. Он поехал отдыхать на один из ... островов.

   А) гречневых
   Б) греческих
   В) грецких

6. Эту таблетку можно запить холодной ... водой.

   А) кипучей
   Б) кипящей
   В) кипячёной

7. Я устал от ... жизни в Москве.

   А) кипящей
   Б) кипучей
   В) кипячёной

8. Иван Иванович решил купить в кредит ... участок.

   А) земельный
   Б) земляной
   В) земной

9. В XIII веке город окружал ... ров.

   А) земляной
   Б) земной
   В) земельный

10. Этот космический корабль облетел ... шар три раза.

    А) земной
    Б) земляной
    В) земельный

11. У него всегда были ... глаза, полные интереса к жизни.

    А) горячие
    Б) горючие
    В) горящие

12. На ... материалы местные власти потратили значительные средства.

    А) горящие
    Б) горючие
    В) горячие

13. Аня поставила на стол ... бутерброды.

    А) горячие
    Б) горючие
    В) горящие

14. Я хотел бы ... все детали предстоящей свадьбы.

    А) обговорить
    Б) оговорить
    В) договорить

15. Встреча двух президентов проходила в тёплой, ... обстановке.

    А) дружеской
    Б) дружественной
    В) дружной

16. Анна уверяла, что это был просто ... поцелуй.

    А) дружественный
    Б) дружный
    В) дружеский

17. Дмитрий родился в большой ... семье.

    А) дружной
    Б) дружественной
    В) дружеской

18. Интерес к футболу всегда объединял эти две ... страны.

    А) дружные
    Б) дружественные
    В) дружеские

19. Эти ... ребята проводили вместе почти всё своё свободное время.

    А) дружные
    Б) дружеские
    В) дружественные

20. Фёдор всегда был вполне ... человеком.

    А) дружеским
    Б) дружелюбным
    В) дружественным

21. Иван пожелал Вере больших успехов
в её ... научной деятельности.

    А) дальней
    Б) далёкой
    В) дальнейшей

22. Такие ёлочные игрушки Вера видела
только в ... детстве.

    А) дальнем
    Б) далёком
    В) дальнейшем

23. Из-за ... отсутствия директора работа
фирмы застопорилась.

    А) длинного
    Б) длительного
    В) долгосрочного

24. Тамара любит носить ... пиджаки.

    А) долгие
    Б) продолжительные
    В) удлинённые

25. Врач не рекомендует ей ... поездки.

    А) дальние
    Б) долгие
    В) длинные

26. На заседании Совета был принят ...
план развития хозяйства.

    А) продолжительный
    Б) удлинённый
    В) долгосрочный

27. Впереди была ... беспокойная ночь.

    А) продолжительная
    Б) длинная
    В) длительная

28. Марина никогда не носила ... юбки.

    А) длинные
    Б) долгие
    В) продолжительные

29. Завтра повсеместно ожидаются ...
дожди.

    А) кратковременные
    Б) краткие
    В) короткие

30. Надо предоставить ... перечень использованной литературы.

    А) короткий
    Б) краткий
    В) краткосрочный

31. Тамара преподаёт английский язык на ... курсах.

    А) кратких
    Б) кратковременных
    В) краткосрочных

32. Образуйте ... форму прилагательного «красивый».

    А) сокращённую
    Б) короткую
    В) краткую

33. ... название региона — Ленобласть.

    А) Короткое
    Б) Сокращённое
    В) Краткосрочное

34. 30 декабря — ... рабочий день.

    А) краткий
    Б) укороченный
    В) кратковременный

35. Во время ... передышки ей удалось собраться с силами.

    А) короткой
    Б) кратковременной
    В) кратчайший

36. В этом слове ты пропустил «и» ... .

    А) сокращённое
    Б) короткое
    В) краткое

37. Странно, что они поженились, ведь они такие ... люди.

    А) различные
    Б) разные
    В) разнообразные

38. В нашем университете учатся студенты из ... стран мира.

    А) разнообразных
    Б) различных
    В) разных

39. В этой паре туфли почему-то ... .

    А) различные
    Б) разные
    В) разнообразные

40. Братья учились в ... школах: Антон в школе № 105, а Алёша — в школе № 49.

А) разных
Б) разнообразных
В) различных

41. У них совершенно ... взгляды на жизнь.

А) разные
Б) различные
В) разнообразные

42. В настоящее время власти занимаются ликвидацией ... наводнения.

А) следствий
Б) последствий
В) расследований

43. ... этого запутанного дела ведёт опытный юрист.

А) Следствие
Б) Последствие
В) Расследование

44. Трудно сказать, к каким ... приведёт такая политика.

А) последствиям
Б) расследованиям
В) следствиям

45. Действия неопытных юристов могут затруднить ... этого дела.

А) последствие
Б) расследование
В) следствие

46. Ты знаешь, что это дело закрыто, а ... по этому делу прекращено.

А) следствие
Б) расследование
В) последствие

47. Александр получил в ... огромный дом с участком земли.

А) наследие
Б) наследство
В) следствие

48. Рак лёгких часто является ... курения.

А) следствием
Б) наследием
В) наследством

49. Центр города относится к памятникам культурного ... человечества.

А) следствия
Б) наследства
В) наследия

50. Потеря веса — это … тренировок в спортзале.

    А) следствие
    Б) наследие
    В) наследство

51. … езда — любимое занятие Антонины в свободное время.

    А) Верховная
    Б) Верховая
    В) Верхняя

Тест 21. Паронимы

Выберите вариант ответа.

1. … хозяйка всегда внимательно смотрит на цены, когда ходит в магазин.

    А) Расчётная
    Б) Расчётливая

2. Тебе надо расписаться в … ведомости.

    А) расчётной
    Б) расчётливой

3. Ты любишь … кашу?

    А) гречневую
    Б) греческую

4. Он не мог совершить столь … поступок.

    А) безответный
    Б) безответственный

5. Это была первая несчастная, … любовь.

    А) безответная
    Б) безответственная

6. Андрей Иванович прошёл … обследование в институте мозга.

    А) выборочное
    Б) выборное

7. Должность президента РФ — это … должность.

    А) выборная
    Б) выборочная

8. Мы ходили искать … собаку.

    А) соседскую
    Б) соседнюю

9. Его друзья живут на … улице.

    А) соседней
    Б) соседской

10. Дети поссорились и пришли к маме, чтобы она их ... .

  А) рассуждала
  Б) рассудила

11. Друзья долго ... о последних политических событиях.

  А) рассуждали
  Б) рассудили

12. Он ни в чём не виноват: его ... .

  А) оговорили
  Б) обговорили

13. Нужно ... все детали нашего путешествия.

  А) обговорить
  Б) оговорить

14. Отправляясь в ... путь, необходимо брать с собой паспорт.

  А) дальнейший
  Б) дальний

15. Надо набраться сил: тебе предстоит ... путь.

  А) долгий
  Б) долгосрочный

16. Он уехал в ... командировку.

  А) длительную
  Б) длинную

17. В актовом зале не смолкали ... аплодисменты.

  А) продолжительные
  Б) длительные

18. Из-за ... проливных дождей река вышла из берегов.

  А) длинных
  Б) продолжительных

19. Его отправили в ... командировку.

  А) краткую
  Б) кратковременную

20. Прошу вас в ... сроки представить отчёт о командировке.

  А) кратчайшие
  Б) кратковременные

21. В словах «розовый» и «разовый» ... корни.

  А) разнообразные
  Б) разные

22. Преступники пойманы. Идёт ... .

  А) следствие
  Б) последствие

23. Она тратит деньги очень ... .

  А) экономно
  Б) экономично

24. ... кризис повлиял на все сферы жиз-
    ни общества.

    А) Экономичный
    Б) Экономический

25. Китайская кухня очень ... .

    А) различна
    Б) разнообразна

26. На встрече рассматривались вопро-
    сы ... для обеих стран.

    А) общие
    Б) общественные

Тест 22. Паронимы

Выберите вариант ответа.

1. В городе открылся новый ... завод.

   А) стеклянный
   Б) стекольный
   В) стекловидный

2. На ёлке висели красивые ... шары.

   А) стекольные
   Б) стеклянные
   В) стекловидные

3. Космический корабль облетел вокруг
   ... шара.

   А) земного
   Б) земляного
   В) земельного

4. ... вал защищает крепость.

   А) Земельный
   Б) Землистый
   В) Земляной

5. Мы купили ... участок.

   А) земляной
   Б) земельный
   В) землистый

6. Он учится в академии ... транспорта.

   А) водного
   Б) водяного
   В) водянистого

7. Бумажные деньги защищены ... знаками.

А) водными
Б) водянистыми
В) водяными

8. Меня удивила ... природа этого края.

А) бедовая
Б) бедственная
В) бедная

9. Семья оказалась в ... положении.

А) бедном
Б) бедственном
В) бедовом

10. Мне нравится это ароматное ... , мыло.

А) душистое
Б) душевное
В) душевое

11. Я была благодарна Ольге за ... беседу.

А) душевную
Б) душевую
В) душную

12. Моя ... куртка уже вышла из моды.

А) кожевенная
Б) кожная
В) кожаная

13. В Ботаническом саду мы видели растения с ... листьями.

А) кожными
Б) кожистыми
В) кожаными

14. Белое вино нужно ... .

А) охладить
Б) охладеть
В) холодить

15. Браслет приятно ... кожу.

А) охладил
Б) холодил
В) охладел

16. Виктор ... к футболу.

А) охладел
Б) холодел
В) охладил

17. При оформлении визы нужно заплатить ... сбор.

    А) консульский
    Б) консультативный
    В) консультационный

18. Мы обратились за помощью в ... бюро.

    А) консультативное
    Б) консультационное
    В) консульское

19. Для опытов используется ... кислота.

    А) концентрическая
    Б) концентрированная
    В) концентрационная

20. Во время войны на этом месте был ... лагерь.

    А) концентрационный
    Б) концентрический
    В) концентрированный

21. У этого растения развитая ... система.

    А) коренная
    Б) корневая
    В) корешковая

22. Отец моего друга ... москвич.

    А) корневой
    Б) коренной
    В) коренастый

23. Эта рыба очень ... .

    А) костистая
    Б) костная
    В) костяная

24. Мне подарили красивую ... шкатулку.

    А) костную
    Б) костяную
    В) костистую

25. Больному сделали операцию по пересадке ... мозга.

    А) костяного
    Б) костистого
    В) костного

26. С моря дул ... ветер.

    А) ледяной
    Б) ледовый
    В) ледниковый

27. Мы с удовольствием смотрели ... представление.

    А) ледниковое
    Б) ледовое
    В) ледяной

28. В современных холодильниках большие ... камеры.

    А) морозные
    Б) морозильные
    В) замороженные

29. В этом магазине продают только ... рыбу.

    А) мороженую
    Б) морозную
    В) морозильную

30. В прошлом году зима была очень ... .

    А) мороженная
    Б) морозная
    В) морозильная

31. Спектакль имел ... успех.

    А) невиданный
    Б) невидимый
    В) невидящий

32. Меня испугал его ... взгляд.

    А) невидимый
    Б) невиданный
    В) невидящий

33. Анна сделала брату ... замечание.

    А) обидчивое
    Б) обидное
    В) обиженное

34. Она сидела с ... видом.

    А) обидным
    Б) обиженным
    В) обидчивым

35. Наш университет предлагает различные ... программы.

    А) образованные
    Б) образовательные
    В) образцовые

36. ... работа занимает всё его свободное время.

    А) Общая
    Б) Общественная
    В) Общительная

37. В лесу раздавались … выстрелы.

    А) одинокие
    Б) одиночные
    В) одинаковые

38. Он чувствовал себя … в незнакомом городе.

    А) одиночным
    Б) одиноким
    В) одинаковым

39. Какие … языки вы знаете?

    А) родные
    Б) родственные
    В) родовые

40. Её сын проявлял … отношение ко взрослым.

    А) уважительное
    Б) уважаемое
    В) важное

Тест 23. Фразеология

Установите смысловые соответствия между выделенными выражениями и вариантами ответов.

1. Он встал сегодня **ни свет ни заря**.

    А) рано утром
    Б) вечером
    В) в полдень

2. Олег знает город **как свои пять пальцев**.

    А) не знает город
    Б) плохо знает город
    В) отлично знает город

3. Я тебя зову, а ты и **ухом не ведёшь**.

    А) не слышишь
    Б) не обращаешь внимания
    В) не можешь ответить

4. Братья похожи **как две капли воды**.

    А) очень похожи
    Б) мало похожи
    В) совсем не похожи

5. Его приезд **спутал нам все карты**.

   А) обрадовал нас
   Б) помешал нашим планам
   В) удивил нас

6. **Я сыта по горло** его обещаниями.

   А) Я всегда верю его обещаниям.
   Б) Я устала от его обещаний.
   В) Он никогда ничего не обещает.

7. У неё **душа не лежит к этой работе**.

   А) Ей не нравится эта работа.
   Б) Она любит эту работу.
   В) Она хочет сделать эту работу.

8. Не знаю, что он решил. **У него семь пятниц на неделе.**

   А) Он твёрд в своих решениях.
   Б) Он часто меняет решения.
   В) Он не принимает решения сам.

9. Давно собираюсь выбросить ненужные бумаги, **да всё руки не доходят**.

   А) нет возможности сделать это
   Б) не хочу делать это
   В) не собираюсь делать это

10. Иван **палец о палец не ударил**, чтобы закончить в срок работу.

    А) очень старался
    Б) не пытался ничего сделать
    В) не успел сделать

11. В зале **яблоку было негде упасть**.

    А) зал был полон
    Б) в зале никого не было
    В) в зале было много свободных мест

12. **Не вешай нос.** Всё обязательно у тебя получится.

    А) Не унывай.
    Б) Не беспокойся.
    В) Не злись.

13. Света не умеет **держать
    язык за зубами**.

A) не умеет хранить тайны
Б) не умеет интересно
   рассказывать
В) не умеет слушать других

14. Когда мать увидела сына на
    высоком дереве, **у неё душа
    ушла в пятки**.

A) она огорчилась
Б) она испугалась
В) она рассердилась

15. В ожидании телефонного
    звонка она **сидела как на
    иголках**.

A) спокойна ждала звонка
Б) с нетерпением ждала
   звонка
В) устала ждать звонка

16. У моего отца **золотые руки**.

A) он умеет многое делать сам
Б) он ничего не умеет делать
В) он всё делает плохо

17. Она любит **делать из мухи
    слона**.

A) обманывать
Б) преувеличивать
В) придумывать

18. Работа шла **как по маслу**.

A) легко
Б) медленно
В) с трудом

19. Эта новость была для нас **как
    снег на голову**.

A) долгожданна
Б) неожиданна
В) радостна

20. Я без компьютера **как без
    рук**.

A) легко обхожусь
Б) иногда могу обойтись
В) не могу обойтись

Тест 24. Фразеология

Установите смысловые соответствия между выделенными выражениями и вариантами ответов.

1. Он работает **спустя рукава**.

    А) кое-как
    Б) усердно
    В) охотно

2. Не надо волноваться! **Не бери в голову!**

    А) Подумай!
    Б) Отдохни!
    В) Не переживай!

3. Он от усталости **с ног валится**.

    А) спотыкается
    Б) падает
    В) ходит вразвалку

4. Антон побежал куда-то **сломя голову**.

    А) быстро
    В) еле-еле
    В) неторопливо

5. Мы его не ждали, а он **свалился как снег на голову**.

    А) неожиданно
    Б) как всегда
    В) вовремя

6. У Анны от всех этих событий **голова идёт кругом**.

    А) голова болит
    Б) голова кружится
    В) голова разболелась

7. Они **живут на широкую ногу**.

    А) бедно
    Б) богато
    В) дружно

8. Он её **водит за нос**.

    А) расстраивает
    Б) обманывает
    В) развлекает

9. Он так вызывающе себя вёл, что **Ира вышла из себя**.

А) обрадовалась
Б) успокоилась
В) потеряла контроль над собой

10. После смерти отца Иван **ушёл в себя**.

А) забылся
Б) замкнулся
В) открыл душу

11. Он работал 16 часов и **устал как собака**.

А) немного устал
Б) очень устал
В) совсем не устал

12. Евгений не умеет отдыхать, а **работает как лошадь**.

А) в меру
Б) много
В) мало

13. Нигде не могу найти Петра: он **как сквозь землю провалился**.

А) исчез
Б) пришёл
В) вышел

14. Не верь Татьяне, она **хитра как лиса**.

А) немного хитра
Б) очень хитра
В) просто душка

15. Вместо того чтобы **ворон считать**, ты бы лучше занимался.

А) бездельничать
Б) сосредоточиться
В) работать

16. Денис влюбился в Марию и совсем **потерял голову**.

А) стал неразумным
Б) стал благоразумным
В) стал небезразличным

17. Ярослав всегда **выходит сухим из воды**.

А) остаётся обиженным
Б) остаётся невиновным
В) остаётся виноватым

18. Елена пишет **как курица лапой**.

А) правильно
Б) очень красиво
В) неразборчиво

19. Эта новость для Андрея была **как гром среди ясного неба**.

А) долгожданной
Б) неожиданной
В) приятной

20. **Как пить дать**, он не передумает уходить с работы.

А) Наверное
Б) Наверняка
В) Скорее всего

21. Борис смотрел на чертёж **как баран на новые ворота**.

А) печально
Б) радостно
В) бессмысленно

22. Ему нужен твой совет **как рыбке зонтик**.

А) Совет совсем не нужен.
Б) Совет очень нужен.
В) Совет интересен.

23. А теперь Олег куда-то уехал, и **ищи ветра в поле**.

А) его не найти
Б) его надо искать
В) его нетрудно найти

24. Они **живут душа в душу**.

А) постоянно ссорятся
Б) равнодушны друг к другу
В) живут дружно

25. Он совсем **выжил из ума**.

А) стал умным
Б) стал остроумным
В) потерял рассудок

26. У Андрея экзамен **на носу**.

А) очень скоро
Б) не скоро
В) через некоторое время

27. Марине **ничего не стоит** перевести 40 страниц за один день.

А) очень трудно
Б) не скоро
В) легко

28. Антон знает предмет **как свои пять пальцев**.

А) отлично
Б) не очень хорошо
В) хорошо

29. Когда детей нет дома, **у неё душа не на месте**.

A) она спокойна
Б) ей тревожно
В) ей тоскливо

30. Когда Тамара увидела медведя, **у неё душа ушла в пятки**.

A) она удивилась
Б) она испугалась
В) она растерялась

31. Алексей **в поте лица** переписывал заново диссертацию.

A) усердно
Б) медленно
В) с трудом

32. Они живут вместе **как кошка с собакой**.

A) дружно
Б) весело
В) ссорясь

33. **Скрепя сердце** мать разрешила дочери пойти на дискотеку.

A) Неохотно
Б) Без раздумий
В) С удовольствием

34. Антонина в области грамматики **собаку съела**.

A) имеет глубокие знания
Б) ничего не знает
В) немного разбирается.

35. Валерий **на седьмом небе**: сдал сессию и теперь едет отдыхать.

A) огорчён
Б) счастлив
В) спокоен

36. Татьяна вышла замуж за Андрея. Теперь она **как за каменной стеной**.

A) чувствует себя счастливой
Б) чувствует себя защищённой
В) чувствует себя неуверенно

37. На открытии выставки **яблоку некуда было упасть**.

A) было немного народу
Б) было очень много народу
В) было очень мало народу

38. В холодильнике **хоть шаром покати**.

A) много продуктов
Б) нет продуктов
В) мало продуктов

39. Пётр **звёзд с неба не хвата-ет**, но учится хорошо.

    А) очень талантлив
    Б) талантлив
    В) не очень талантлив

40. Он **рубаха-парень**.

    А) честный человек
    Б) замкнутый человек
    В) очень открытый человек

Тест 25 (общий)

Выберите вариант ответа.

1. Виктор не любит футбол. А тут вдруг взял и ... пойти на футбольный матч.

    А) решал
    Б) решит
    В) решает
    Г) решил

2. Андрей — мой самый лучший друг. Он ни за что не ... меня.

    А) предаёт
    Б) предавал
    В) предаст
    Г) предал

3. Не ... от поезда. Он стоит на этой станции только 5 минут.

    А) отставать
    Б) отставали
    В) отстаём
    Г) отстать бы

4. Громко зазвонил телефон, и я ... от неожиданности.

    А) вздрагиваю
    Б) вздрагивала бы
    В) вздрогнула
    Г) вздрогнула бы

5. Я не спал двое суток. Не ... бы за рулём.

    А) заснуть
    Б) заснём
    В) засыпать
    Г) засыпаем

6. Надо ... больше внимания своим детям.

    А) уделять
    Б) выделять
    В) разделять
    Г) отделять

7. Когда я бежала к автобусу, я ... ногу.

    А) свернула
    Б) отвернула
    В) подвернула
    Г) развернула

8. Она ... кувшин водой и поставила в него букет цветов.

    А) наполнила
    Б) выполнила
    В) восполнила
    Г) переполнила

9. Мой младший брат любит ... по дереву.

    А) разжигать
    Б) выжигать
    В) обжигать
    Г) прожигать

10. Она ... слезу со щеки и улыбнулась.

    А) отмахнула
    Б) обмахнула
    В) перемахнула
    Г) смахнула

11. Он такой ... , он обязательно достигнет поставленной цели.

    А) настойчив
    Б) настойчивый
    В) настойчиво
    Г) настойчивым

12. Когда она смеётся, морщинки вокруг глаз особенно ... .

    А) заметные
    Б) заметны
    В) заметно
    Г) заметными

13. ... свойственно ошибаться.

    А) Людьми
    Б) Людям
    В) О людях
    Г) Для людей

14. Волнение сказалось … .

    А) с её выступлением
    Б) для её выступления
    В) на её выступлении
    Г) к её выступлению

15. Брат поступил так … .

    А) для моего совета
    Б) с моим советом
    В) вопреки моему совету
    Г) при моём совете

16. Никак не могу поехать за город: … погода плохая, … работы много.

    А) да … да …
    Б) то … то …
    В) не то … не то …
    Г) то ли … то ли …

17. Мне приятно говорить с теми, … близки и понятны эти проблемы.

    А) кем
    Б) кого
    В) кому
    Г) кто

18. Давай подумаем, как мы проведём выходные: … поедем на озеро, … пригласим друзей на дачу.

    А) и … и …
    Б) то … то …
    В) или … или …
    Г) ни … ни …

19. Не знаю, почему она не отвечает на мои звонки: … спит, … оставила где-то телефон.

    А) и … и …
    Б) то ли … то ли …
    В) да … да …
    Г) ни … ни …

20. Эта книга до такой степени поразила меня, … я долго не мог уснуть.

    А) чтобы
    Б) как
    В) что
    Г) так как

21. Вчера я видела, … маленькие дети катались на лыжах с горы.

    А) пока
    Б) как
    В) когда
    Г) если

22. Было скользко, и Ольга боялась, ... упасть.

А) как бы не
Б) если бы не
В) пока не
Г) чтобы не

23. Стоило открыть окно, ... в комнату влетела бабочка.

А) когда
Б) как
В) прежде чем
Г) после того как

24. Друзья сидели у нас, ... закончился концерт по телевизору.

А) пока
Б) как только
В) как
Г) пока не

25. Ты ошибаешься ... к нему.

А) в своём отношении
Б) к своему отношению
В) в своё отношение
Г) от своего отношения

26. Ей трудно было смириться ... в фирме.

А) в новом положении
Б) с новым положением
В) к новому положению
Г) от нового положения

27. Андрей рассердился и вышел, хлопнув ... .

А) дверь
Б) двери
В) дверью
Г) к двери

28. Антонина часто прислушивается ... сестры.

А) в советах
Б) к советам
В) с советами
Г) о советах

29. Эта земля принадлежит ... .

А) частному лицу
Б) для частного лица
В) о частном лице
Г) частным лицом

30. Профессор сказал, что ... полу-
    чится прекрасный музыкант.

    А) к нему
    Б) с ним
    В) от него
    Г) из него

Тест 26 (общий)

В заданиях 1–13 выберите вариант ответа.

1. Ольга не любит летать на самолётах.
   А тут вдруг взяла и ... на самолёте в
   Киев.

   А) летала
   Б) полетела
   В) летает
   Г) полетит

2. По его лицу было понятно, что он ... по-
   лученному письму.

   А) обрадовался
   Б) радовался бы
   В) обрадуется
   Г) обрадовался бы

3. Я уверена в Александре. Он ни за что не
   ... меня.

   А) подводит
   Б) подводил
   В) подведёт
   Г) подвёл

4. В воскресенье я спала бы дольше, если
   бы меня не ... телефонный звонок.

   А) разбудил
   Б) разбудит
   В) будил бы
   Г) будит

5. Не ... бы эту передачу. Я всю неделю хотел её посмотреть.

   А) пропущу
   Б) пропустил
   В) пропускал
   Г) пропустить

6. Смотри, не ... позвонить Инне. Она будет ждать твоего звонка.

   А) забывай
   Б) забудь
   В) забудете
   Г) забываете

7. Анна Николаевна! ... вручить Вам книгу о
нашем университете.

А) Разрешайте
Б) Разрешили бы
В) Разрешите
Г) Разрешали бы

8. Ребята, ... , пожалуйста за стол. Сейчас
будем обедать.

А) садитесь
Б) сядьте
В) садились бы
Г) сели бы

9. Мне ... это лицо на фотографии, но я не
помню, кто это.

А) знакомое
Б) знакома
В) знакомо
Г) знакомому

10. Торт такой ... , что я съела бы ещё
кусочек.

А) вкусен
Б) вкусный
В) вкусно
Г) вкусным

11. Мы сидели, ... полученным известием.

А) оглушёнными
Б) оглушены
В) оглушившими
Г) оглушённые

12. Она просто ... горем и ни с кем не хочет общаться.

А) убитая
Б) убита
В) убившая
Г) убив

13. В день свадьбы она выглядела ... .

А) счастливая и
безмятежная
Б) счастлива и
безмятежна
В) счастливой и
безмятежной

В заданиях 14—17 представлен текст аннотации книги «Русский глагол». Выберите вариант ответа.

Учебное пособие (14) ... иностранным студентам, изучающим русский язык на этапе довузовской подготовки. Пособие (15) ... из восьми разделов. Целью пособия (16) ... снятие трудностей изучения лексических и грамматических особенностей русского глагола. Система заданий (17) ... различные виды упражнений, типы которых определяются спецификой изученного явления.

14. А) предназначено
    Б) относится
    В) составлено

15. А) входит
    Б) заключается
    В) состоит

16. А) является
    Б) заключается
    В) состоит

17. А) выполняется
    Б) является
    В) включает

В заданиях 18—20 выберите предикат, характерный для газетно-публицистического стиля.

18. Гринпис России ... в прокуратуру на нецелевое использование контейнеров для раздельного сбора мусора.

    А) обратился с жалобой
    Б) пожаловался
    В) написал жалобу

19. Банки ... кредиты юридическим и физическим лицам.

    А) дают
    Б) предоставляют
    В) разрешают

20. Вчера президент России ... в США.

    А) приехал с визитом
    Б) посетил с визитом
    В) прибыл с визитом

В заданиях 21–25 к выделенным выражениям подберите близкие по смыслу конструкции.

21. **Мне никак её не отговорить** от этой поездки.

    А) Я не должна её отговаривать
    Б) Я не могу её отговорить
    В) Я не хочу её отговаривать
    Г) Я её не отговариваю

22. **Тебе не с кем** посоветоваться?

    А) Нет никого, с кем можно посоветоваться.
    Б) Ни с кем не нужно советоваться.
    В) Никто не должен советовать.
    Г) Никто не даёт советов.

23. **Не тебе вести** ребёнка в детский сад. Лена отведёт.

    А) Ты не водишь ребёнка в детский сад.
    Б) Не ты должен вести ребёнка в детский сад.
    В) Ты не хочешь вести ребёнка в детский сад.
    Г) Ты никогда не водил ребёнка в детский сад.

24. Тебе **не на кого** обижаться. Сама виновата.

    А) Ты ни на кого не обижаешься.
    Б) Не надо ни на кого обижаться.
    В) Никто не должен обижаться.
    Г) Ты никого никогда не обижаешь.

25. Он спит, а мы тут **жди его**.

    А) можем ждать
    Б) хотим ждать
    В) подождём
    Г) должны ждать

В заданиях 26—44 выберите вариант ответа.

26. Экзамены по выбору определяются ... самостоятельно.

А) для каждого ученика
Б) каждым учеником
В) каждому ученику
Г) у каждого ученика

27. Большая нагрузка отражается ... .

А) о его здоровье
Б) его здоровью
В) на его здоровье
Г) с его здоровьем

28. Не надо смеяться ... .

А) о чужих недостатках
Б) чужим недостаткам
В) над чужими недостатками
Г) за чужие недостатки

29. Вера повернулась ко мне ... и перестала разговаривать со мной.

А) спину
Б) спине
В) со спины
Г) спиной

30. Рита прекрасно ладит с детьми. ... получится прекрасный воспитатель.

А) Из неё
Б) У неё
В) С ней
Г) От неё

31. Я был очень растроган ... .

А) твоей заботы
Б) твоей заботой
В) о твоей заботе
Г) с твоей заботой

32. Дочь очень привязана ... .

А) к своим родителям
Б) в своих родителях
В) со своими родителями
Г) для своих родителей

33. Такое отношение к делу характерно ... .

A) ответственному человеку
Б) для ответственного человека
В) у ответственного человека
Г) перед ответственным человеком

34. Мы повернули за угол и оказались прямо ... .

A) перед зданием театра
Б) в здании театра
В) в здание театра
Г) от здания театра

35. Нам было непонятно, как мы очутились ... .

A) от этого места
Б) в этом месте
В) в это место
Г) к этому месту

36. Мы спросили прохожего, как нам выбраться ... .

A) на главной улице
Б) через главную улицу
В) от главной улицы
Г) на главную улицу

37. Мы прошли ... и повернули направо.

A) в тихом переулке
Б) по тихому переулку
В) из тихого переулка
Г) тихого переулка

38. Анна всегда очень переживает ... на работе.

A) из-за неудач
Б) ради неудач
В) вопреки неудачам
Г) к неудачам

39. Она готова пожертвовать личной жизнью ... .

A) из-за карьеры
Б) ради карьеры
В) в карьере
Г) для карьеры

40. Он говорит ... .

   А) штампы
   Б) штампов
   В) штампами
   Г) из штампов

41. ... Андрей прекрасно справился с этой работой.

   А) От ожиданий
   Б) С ожиданиями
   В) Вопреки ожиданиям
   Г) К ожиданиям

42. Из дома вышел высокий мужчина ... .

   А) в шляпе и портфеле
   Б) при шляпе и портфеле
   В) в шляпе и с портфелем
   Г) в шляпе и к портфелю

43. В детстве мой брат поражал всех своими способностями ... .

   А) к языкам и математике
   Б) языков и математики
   В) в языках и математике
   Г) с языками и математикой

44. Была создана комиссия ... причин пожара на заводе.

   А) по расследованию
   Б) с расследованием
   В) в расследовании
   Г) к расследованию

В заданиях 45–48 выберите вариант ответа, который соответствует значению выделенных слов и выражений.

45. Виктор купил бутылку воды и **залпом** выпил всю воду.

   А) где?
   Б) как?
   В) зачем?
   Г) почему?

46. Мы готовимся к зачёту по **математике**.

   А) почему?
   Б) какому?
   В) зачем?
   Г) как?

47. Он шёл, **глядя** на звёздное небо.

А) когда?
Б) зачем?
В) как?
Г) почему?

48. **Рассерженный на сестру за обман**, он не хотел разговаривать с ней.

А) где?
Б) зачем
В) когда?
Г) почему?

В заданиях 49–50 выберите вариант ответа, который по смыслу наиболее близок данным предложениям.

49. Антонина беседовала с сотрудником, которого я не знаю.

А) Антонина с кем-то беседовала.
Б) Антонина с кем-либо беседовала.
В) Антонина беседовала с сотрудниками.
Г) Антонина кое с кем беседовала.

50. Мне нужно обсудить с дочерью один вопрос, и я знаю какой.

А) Мне нужно кое-что обсудить с дочерью.
Б) Я хочу обсудить с дочерью что-нибудь.
В) Надо бы что-нибудь обсудить.
Г) Надо чаще обсуждать с дочерью что-нибудь.

В заданиях 51—73 выберите вариант ответа.

51. Нам повезло с экскурсией в Суздаль: ... погода была прекрасная, ... экскурсовод замечательный.

   А) или ... или ...
   Б) и ... и ...
   В) то ... то ...
   Г) да ... да ...

52. Я не помню, ... я должна позвонить подруге, ... она мне.

   А) ни ... ни ...
   Б) и ... и ...
   В) то ли ... то ли ...
   Г) то ... то ...

53. Мы совсем перестали общаться: ... я ей не звоню, ... она мне.

   А) или ... или ...
   Б) то ... то ...
   В) не то ... не то ...
   Г) ни ... ни ...

54. Давай определимся: ... мы вместе едем на дачу, ... я поеду с друзьями в Петергоф.

   А) или ... или
   Б) то ... то ...
   В) ни ... ни ...
   Г) и ... и ...

55. Мне стыдно перед тем, ... я обманула.

   А) кем
   Б) кого
   В) кому
   Г) кто

56. Эта книга такая захватывающая, ... я читала её, не отрываясь.

   А) так как
   Б) чтобы
   В) как
   Г) что

57. Он ещё не такой опытный, ... можно было ему доверить проведение эксперимента.

   А) словно
   Б) будто
   В) чтобы
   Г) что

58. Предчувствие, ... с ней что-то случилось, не оставляло меня.

   А) как будто
   Б) потому что
   В) так как
   Г) что

59. Родителей не покидает надежда, ... их дочери удастся найти работу.

А) если
Б) что
В) когда
Г) ли

60. Я вижу, ... увеличивается световой день.

А) как
Б) если
В) пока
Г) когда

61. Ваза была тяжёлая, и я боялась, ... уронить её.

А) если бы не
Б) как бы не
В) чтобы не
Г) когда бы не

62. Прошу разрешить мне досрочную сдачу экзаменов, ... мне необходимо уехать на родину.

А) благодаря тому что
Б) когда
В) в связи с тем что
Г) пока

63. ... тебе нездоровиться, оставайся дома.

А) Раз
Б) Несмотря на то что
В) Хотя
Г) Потому что

64. Стоило ей запеть, ... все замолчали и начали слушать.

А) после того как
Б) как
В) прежде чем
Г) когда

65. ... она рассказывала о происшедшем, лицо Андрея становилось всё мрачнее.

А) Как
Б) После того как
В) По мере того как
Г) Пока не

66. Он лежал и вспоминал прошедший день, ... заснул.

А) пока
Б) когда
В) как только
Г) пока не

67. ... я защитил диплом, прошло два года.

A) Когда
Б) С тех пор как
В) Хотя
Г) Так как

68. Можно закончить работу вовремя, ... постараться.

A) так как
Б) когда
В) хотя
Г) если

69. Прежде чем ... в медицинскую академию, она работала санитаркой в больнице.

A) поступала
Б) поступить
В) поступит
Г) поступает

70. Прежде чем Мария ... контрольную работу, она внимательно проверила её.

A) сдавала
Б) сдать
В) сдаст
Г) сдала

71. Даже если ты возьмёшь такси, ...

A) ты всё равно не успеешь на поезд
Б) ты всё-таки не успел бы на поезд
В) ты обязательно успел бы на поезд
Г) ты успеешь на поезд

72. Даже если бы ты обратилась ко мне раньше, ...

A) я обязательно смогла бы тебе помочь
Б) я всё равно не смогла бы помочь тебе
В) я не смогла помочь тебе
Г) я сразу смогла помочь тебе

73. Как я ни отговаривала сестру, ...

А) она всё равно поехала на дачу

Б) она всё-таки не поехала на дачу

В) ей не удалось поехать на дачу

Г) она не поедет на дачу

В заданиях 74–75 к выделенным конструкциям подберите близкий по смыслу вариант выбора.

74. Рита замолчала, **поняв, что сказала лишнее**.

А) несмотря на то что сказала лишнее

Б) если поняла, что сказала лишнее

В) так как поняла, что сказала лишнее

Г) если бы поняла, что сказала лишнее

75. **Не интересуясь классической музыкой**, он всё-таки пошёл на этот концерт.

А) Если он не интересовался классической музыкой

Б) Хотя он не интересовался классической музыкой

В) Так как он не интересовался классической музыкой

Г) Когда он не интересовался классической музыкой

В заданиях 76–94 выберите вариант ответа.

76. У тебя нет ... подозревать его в обмане.

А) оснований

Б) базы

В) обоснований

Г) основы

77. Литературное ... этого писателя велико.

    А) наследие
    Б) следствие
    В) последствие
    Г) наследство

78. Все мои коллеги — очень ... люди.

    А) дружеские
    Б) дружественные
    В) дружелюбные

79. Вместе мы преодолеем ... трудности.

    А) любые
    Б) каждые
    В) иные
    Г) всяческие

80. Китайская кухня очень ... .

    А) характерна
    Б) разнообразна
    В) типична
    Г) велика

81. Сейчас в этом здании ... офисы разных турфирм.

    А) размещаются
    Б) возвышаются
    В) простираются
    Г) тянутся

82. Мой сын до пяти лет не ... букву «Р».

    А) наговаривал
    Б) разговаривал
    В) уговаривал
    Г) выговаривал

83. Мы с трудом ... дерущихся подростков.

    А) сняли
    Б) отняли
    В) разняли
    Г) переняли

84. Я зашла к подруге, но не ... её дома.

    А) пристала
    Б) застала
    В) отстала
    Г) перестала

85. Надо обязательно … время на эту
    работу.

    А) разделить
    Б) уделить
    В) выделить
    Г) наделить

86. Ночью ударили морозы, и вода в озере
    … .

    А) замёрзла
    Б) примёрзла
    В) вымерзла
    Г) намёрзла

87. Я порвал брюки, надо их … .

    А) перешить
    Б) пришить
    В) зашить
    Г) сшить

88. Его трудно … из равновесия.

    А) привести
    Б) завести
    В) перевести
    Г) вывести

89. Мария ещё не … чемодан, поэтому
    очень волнуется.

    А) собрала
    Б) набрала
    В) добрала
    Г) отобрала

90. Из-за своей занятости она … занятия
    музыкой.

    А) выбросила
    Б) набросила
    В) забросила
    Г) сбросила

91. Ураган … всё на своём пути.

    А) смёл
    Б) размёл
    В) вымел
    Г) отмёл

92. Родители … детей к домашней работе.

    А) привлекают
    Б) увлекают
    В) отвлекают
    Г) навлекают

93. Преступник ... в неизвестном направлении.

А) закрылся
Б) укрылся
В) скрылся
Г) прикрылся

94. Я попросила маму ... мне чашечку чая.

А) вылить
Б) перелить
В) залить
Г) налить

В заданиях 95—96 установите смысловые соответствия между выделенными выражениями и вариантами ответа.

95. Антон работал **засучив рукава**.

А) усердно
Б) кое-как
В) охотно
Г) как обычно

96. Ты что бежишь **как на пожар**?

А) так быстро
Б) не спеша
В) бурно
Г) быстрее

В заданиях 97—100 выберите все возможные варианты ответа.

97. Председатель конференции ... внимания, чтобы начать заседание.

А) просит
Б) требует
В) спрашивает
Г) привлекает

98. Моя дочь занимается ... .

А) пением
Б) плаванием
В) рисованием
Г) искусством

99. Как только я вернулась из командиров-
ки, я позвонила ... друзьям.

    А) некоторым
    Б) каждым
    В) любым
    Г) многим

100. Мой брат выступил вчера на концерте
просто ... .

    А) замечательно
    Б) сносно
    В) ужасно
    Г) отлично

Тест 27 (общий)

В заданиях 1–17 выберите вариант ответа.

1. Денис никогда не любил путешество-
вать. А тут вдруг взял и ... в Грецию.

    А) отправлялся
    Б) отправился
    В) отправляется
    Г) отправится

2. Андрей о чём-то задумался и не ... с
Леной.

    А) поздоровается
    Б) поздоровался бы
    В) поздоровался
    Г) здоровался

3. Полине можно оставить собаку. Она
ни за что её не ... .

    А) обидит
    Б) обижала
    В) обижает
    Г) обидела

4. Когда туристы разместились в палат-
ке, их вдруг ... подозрительный шум.

    А) настораживает
    Б) настораживал бы
    В) насторожил бы
    Г) насторожил

5. Не ... билеты в театр. Положи их в
свою сумочку.

    А) забывать
    Б) забыть бы
    В) забывали
    Г) забудем

6. Смотри не ... ! Сегодня гололёд!

А) поскользнуться бы
Б) поскользнулся
В) поскользнешься
Г) поскользнись

7. Елена Петровна! ... задать Вам один вопрос!

А) Разрешайте
Б) Разрешали бы
В) Разрешите
Г) Разрешили бы

8. Мы рады вас видеть у себя! ... , будем пить чай.

А) Садились бы
Б) Сели бы
В) Садитесь
Г) Сядьте

9. Эта улица мне совсем не ... .

А) знакомой
Б) знакомая
В) знакома
Г) знакомо

10. Эта тема мне так ... , что я с удовольствием прочитаю эту статью.

А) близкая
Б) близка
В) близкой
Г) близко

11. Это был такой ... анекдот, что мы не могли не рассмеяться.

А) смешным
Б) смешон
В) смешной
Г) смешно

12. Андрей был так ... грозой, что не захотел идти в лес.

А) напуганный
Б) напуган
В) напуганным
Г) напугавшим

13. ... поведением сына, Марина отказалась идти в гости.

А) Была расстроена
Б) Расстроена
В) Расстроившая
Г) Расстроенная

В заданиях 14–17 представлен текст аннотации книги «Общество и культура». Выберите вариант ответа.

Учебное пособие (14) … иностранным студентам, которые (15) … русским языком в объёме базового уровня и обучаются по программе на этапе предвузовской подготовки. Целью пособия (16) … обучение диалогической и монологической речи, элементам конспектирования на материале учебно-научных текстов. Система заданий (17) … различные виды упражнений, направленных на активизацию в речи необходимых лексических единиц и грамматических явлений.

14. А) предназначено
    Б) относится
    В) посвящено

15. А) знают
    Б) обладают
    В) владеют

16. А) состоит
    Б) является
    В) заключается

17. А) содержит
    Б) представляет
    В) является

В заданиях 18–20 выберите предикат, характерный для газетно-публицистического стиля речи.

18. Органам исполнительной власти города … принять меры по пресечению незаконной деятельности этой организации.

    А) поручали
    Б) было поручено
    В) поручать
    Г) поручились

19. За мошенничество по факту выдачи поддельных документов руководство фирмы … к уголовной ответственности.

    А) привлечёт
    Б) влечёт
    В) было привлечено
    Г) привлекают

20. Сегодня утром Министр иностранных дел России … с Министром иностранных дел Украины.

    А) имел беседу
    Б) разговаривал
    В) проводил собеседование
    Г) поговорил

В заданиях 21–25 к выделенным выражениям подберите близкие по смыслу конструкции.

21. Помоги, пожалуйста! **Мне никак не открыть дверь.**

А) Я не должна открывать дверь.
Б) Я не могу открыть дверь.
В) Я не хочу открывать дверь.
Г) Я не буду открывать дверь.

22. **Не тебе жаловаться.** По сравнению с другими ты ничего не теряешь.

А) Не ты жалуешься.
Б) Ты не хочешь жаловаться.
В) Ты не жалуешься.
Г) Ты не должна жаловаться.

23. **Тебе нечего стыдиться.** Ты ни в чём не виновата.

А) Ты ничего не стыдишься.
Б) Ты не должна ничего стыдиться.
В) Тебе ли не стыдиться.
Г) Ты никогда ничего не стыдилась.

24. Пожалуйста, уходите. **Говорить нам больше не о чем.**

А) Я больше не хочу с вами ни о чём говорить.
Б) Мы больше не можем говорить.
В) Мы больше не должны ни о чём говорить.
Г) Мы не будем с вами ни о чём говорить.

25. Он опаздывает на целый час, а мы тут **жди** его.

А) должны ждать
Б) хотим ждать
В) можем ждать
Г) подождём

В заданиях 26—44 выберите вариант ответа.

26. На экзамене задание по аудированию выполняется ... без словаря.

    А) для студентов
    Б) студентами
    В) со студентами
    Г) студентам

27. Не стоит обижаться ... .

    А) трёхлетнему ребёнку
    Б) с трёхлетним ребёнком
    В) на трёхлетнего ребёнка
    Г) трёхлетним ребёнком

28. Звание «Народный артист» присваивается ... искусства за особые заслуги.

    А) деятели
    Б) с деятелями
    В) за деятелей
    Г) деятелям

29. ... всегда случается что-то невероятное.

    А) От неё
    Б) На ней
    В) С ней
    Г) При ней

30. Наташа часто обращается к сестре ... .

    А) за советом
    Б) для совета
    В) к совету
    Г) от совета

31. Этот новый роман посвящён ... .

    А) матерью писателя
    Б) о матери писателя
    В) матери писателя
    Г) к матери писателя

32. Антонина очень доброжелательна ... .

    А) всеми студентами
    Б) обо всех студентах
    В) всем студентам
    Г) ко всем студентам

33. Анна достойна ... .

    А) лучшему жениху
    Б) о лучшем женихе
    В) лучшим женихом
    Г) лучшего жениха

34. Эта картина принадлежала ... .

   А) бабушке Ирины
   Б) с бабушкой Ирины
   В) к бабушке Ирине
   Г) бабушки Ирины

35. Иван всегда восхищался ... Клода Моне.

   А) с картинами
   Б) о картинах
   В) картинам
   Г) картинами

36. Ольга раскаивается ... , что совершила.

   А) о том
   Б) в том
   В) с тем
   Г) на том

37. Этот чай пахнет ... .

   А) на мяте
   Б) с мятой
   В) мятой
   Г) мяту

38. Ботанический институт был назван ... В.Л. Комарова.

   А) во имя
   Б) для
   В) ради
   Г) в честь

39. ... своего брата он готов на любые лишения.

   А) Из-за
   Б) Во имя
   В) Ради
   Г) В честь

40. Филологи и физики оперируют ... .

   А) разными категориями
   Б) в разных категориях
   В) с разными категориями
   Г) разные категории

41. ... Андрей не стал чемпионом мира.

   А) Вопреки ожиданиям
   Б) При ожидании
   В) С ожиданиями
   Г) В ожиданиях

42. В дверях появилась дама … .

    А) вишнёвое пальто
    Б) на вишнёвом пальто
    В) в вишнёвом пальто
    Г) на вишнёвое пальто

43. Татьяна Викторовна получила благодарность министра … .

    А) культуре
    Б) культуры
    В) культура
    Г) для культуры

44. В этом здании заседает Комитет … .

    А) строительство
    Б) для строительства
    В) о строительстве
    Г) по строительству

В заданиях 45–48 выберите вариант ответа, который соответствует значению выделенных слов и выражений.

45. Мне очень хочется походить **босиком** по траве.

    А) почему?
    Б) где?
    В) как?
    Г) зачем?

46. Борис пошёл в поликлинику за справкой в **бассейн**.

    А) какой?
    Б) зачем?
    В) как?
    Г) почему?

47. **Расстроенный результатами** анализов, Андрей не мог думать о спектакле.

    А) какой?
    Б) когда?
    В) почему?
    Г) кто?

48. Отец нёс **на руках** спящего ребёнка.

    А) почему?
    Б) когда?
    В) сколько?
    Г) как?

В заданиях 49—50 выберите вариант ответа, который по смыслу наиболее близок данным предложениям.

49. Вас спрашивал студент, которого я не знаю.

   А) Вас спрашивал какой-то студент.
   Б) Вас спрашивал кое-какой студент.
   В) Вас спрашивал какой-нибудь студент.
   Г) Вас спрашивал студент.

50. Купи продукты на ужин. Всё равно что.

   А) Купи что-нибудь на ужин.
   Б) Купи кое-что на ужин.
   В) Купи что-то на ужин.
   Г) Купи продукты на ужин.

В заданиях 51—73 выберите варианты ответа.

51. Не стоит ехать отдыхать на юг: … жарко, … дорого.

   А) и … и …
   Б) да … да …
   В) или … или …
   Г) то … то …

52. Непонятно, почему она ушла : … обиделась, … плохо себя чувствует.

   А) и … и …
   Б) да … да …
   В) или … или …
   Г) то … то …

53. Ничем она не занимается: … работает, … учится.

   А) ни … ни …
   Б) то … то …
   В) не то … не то …
   Г) да … да …

54. Мы с Татьяной давно в ссоре: … она мне не звонит, … я ей.

   А) ни … ни…
   Б) или … или…
   В) то … то …
   Г) не то … не то …

55. Я слежу за тем, ... цветы не завяли.

A) что
Б) чтобы
В) как
Г) так как

56. Надо помочь тем, ... нуждается в помощи.

A) кто
Б) кем
В) с кем
Г) кому

57. Он так искренен, ... ему невозможно не верить.

A) чтобы
Б) как
В) что
Г) будто

58. У меня было такое чувство, ... он обязательно придёт.

A) что
Б) потому что
В) так как
Г) как будто

59. Мне казалось, ... небо слилось с заливом.

A) потому что
Б) так как
В) как будто
Г) как

60. Я люблю наблюдать, ... меняется небо.

A) что
Б) если
В) как будто
Г) как

61. Хороший врач всегда думает, ... навредить пациенту.

A) если бы не
Б) как бы не
В) когда бы не
Г) чтобы не

62. ... мне необходимо поехать на родину, прошу разрешить мне сдать экзамены досрочно.

A) Благодаря тому
Б) Когда
В) Пока
Г) В связи с тем что

63. ... ты не хочешь говорить правду, мне придётся прервать наши отношения.

    А) Несмотря на то что
    Б) Хотя
    В) Раз
    Г) Чтобы

64. Стоило мне упомянуть его имя, ... все заулыбались.

    А) как
    Б) после того как
    В) когда
    Г) прежде чем

65. ... развиваются новые технологии, меняется быт людей.

    А) Как
    Б) После того как
    В) Пока не
    Г) По мере того как

66. Побежали быстрее домой, ... началась гроза.

    А) пока не
    Б) пока
    В) как только
    Г) когда

67. Антон готовился к последнему выпускному экзамену, ... Елена уже праздновала окончание школы.

    А) хотя
    Б) в то время как
    В) так как
    Г) если

68. ... хочешь поступить в университет, надо готовиться к экзаменам.

    А) Когда
    Б) В то время как
    В) Так как
    Г) Если

69. Прежде чем ... решение, нужно всё тщательно обдумать.

    А) принимаю
    Б) принять
    В) приняла
    Г) принимала

70. Прежде чем ... занавес, артисты вышли на поклон.

    А) опуститься
    Б) опустился
    В) опускался
    Г) опускаться

71. Даже если тебе удастся купить билет, ...

А) то ты всё-таки не успел бы на спектакль

Б) ты обязательно не успеешь на спектакль

В) ты успел бы на спектакль

Г) ты всё равно не успеешь на спектакль

72. Даже если бы мы все вместе отговаривали его, ...

А) он всё равно не отказался бы от поездки

Б) он не отказался от поездки

В) он наверняка отказался бы от поездки

Г) он непременно отказался от поездки

73. Как ни уговаривал он Елену, ...

А) она всё-таки поехала с ним в Испанию

Б) ей всё равно не поехать с ним в Испанию

В) она обязательно поедет с ним в Испанию

Г) она всё равно не поехала с ним в Испанию

В заданиях 74–75 к выделенным конструкциям подберите близкий по смыслу вариант.

74. Вера согласилась переехать в Москву, **решив не спорить с мужем**.

    А) несмотря на то что решила не спорить с мужем

    Б) так как решила не спорить с мужем

    В) если решила не спорить с мужем

    Г) хотя решила не спорить с мужем

75. **Заметив вдалеке фигуру Ильи**, она всё-таки не стала его звать.

    А) Если бы она заметила вдалеке фигуру Ильи,

    Б) Так как она заметила вдалеке фигуру Ильи,

    В) Хотя она заметила вдалеке фигуру Ильи,

    Г) Если она заметила вдалеке фигуру Ильи

В заданиях 76–94 выберите вариант ответа.

76. Я рада, что у моего брата ... семья.

    А) дружественная
    Б) дружная
    В) дружеская
    Г) дружелюбная

77. Иногда нам трудно понимать друг друга: у нас слишком ... приоритеты.

    А) разнообразные
    Б) разные
    В) различные
    Г) разносторонние

78. Эрмитаж относится к объектам всемирного ... человечества.

    А) наследия
    Б) наследства
    В) последствия
    Г) следствия

79. Я купила билеты на балет. Выбирай … .

А) каждые
Б) любые
В) иные
Г) всякие

80. Произведения этого писателя … по форме и по содержанию.

А) характерны
Б) разноплановы
В) типизированы
Г) разнообразны

81. Ты потеряла расчёску, а это не она … на полу около зеркала?

А) находится
Б) валяется
В) располагается
Г) размещается

82. Алла принесла разные ноты и предложила мне … любые.

А) убрать
Б) перебрать
В) прибрать
Г) выбрать

83. Это настолько невероятно, что трудно … в то, что случилось.

А) проверить
Б) поверить
В) заверить
Г) сверить

84. Трудно представить себе, каким был этот особняк в XVIII веке; его несколько раз … .

А) застраивали
Б) устраивали
В) перестраивали
Г) пристраивали

85. Всем студентам, окончившим университет, … дипломы бакалавров.

А) поручили
Б) вручили
В) приручили
Г) выручили

86. Документ готов. Осталось … его у директора предприятия и заверить.

А) переписать
Б) записать
В) вписать
Г) подписать

87. Антон обещал ... мне свои фотографии по Интернету.

    А) заслать
    Б) подослать
    В) прислать
    Г) разослать

88. Стол качается. Надо ... что-нибудь под ножку стола.

    А) приложить
    Б) подложить
    В) вложить
    Г) уложить

89. Я хочу показать своим гостям, как ... мосты через Неву.

    А) приводятся
    Б) переводятся
    В) заводятся
    Г) разводятся

90. Когда Татьяна живёт на даче, она ... кошку в сад.

    А) выпускает
    Б) запускает
    В) спускает
    Г) подпускает

91. Надо быстрее сообщить эту приятную новость Ольге: а то она очень ... из-за тебя.

    А) проживает
    Б) заживает
    В) выживает
    Г) переживает

92. На этих курсах ... игре на некоторых струнных инструментах.

    А) обучают
    Б) приучают
    В) изучают
    Г) отучают

93. Кто будет ... детей спать?

    А) выкладывать
    Б) закладывать
    В) укладывать
    Г) вкладывать

94. В чём ... суть предложения?

    А) включается
    Б) переключается
    В) приключается
    Г) заключается

В заданиях 95–100 установите смысловые соответствия между выделенными выражениями и вариантами ответа.

95. Я с утра ничего не ел: **голоден как волк**.

А) уже сыт
Б) совсем не проголодался
В) очень хочу есть
Г) немного проголодался

96. Я сегодня **как сонная муха**: полночи проговорил по телефону.

А) немного хочу спать
Б) очень хочу спать
В) вполне бодра
Г) немного устала

97. Я от неё даже устала: **трещит как сорока**.

А) болтает не переставая
Б) беседует по душам
В) говорит громко
Г) говорит непонятно

98. Антон и Кирилл **похожи как две капли воды**.

А) совсем не похожи
Б) очень похожи
В) немного похожи
Г) вполне похожи

99. Пётр две ночи не спал. Теперь **спит как сурок.**

А) слегка задремал
Б) спит
В) дремлет
Г) крепко спит

100. Борис **плавал на экзамене**.

А) отвечал на экзамене хорошо
Б) отвечал на экзамене неплохо
В) отвечал на экзамене прекрасно
Г) отвечал на экзамене плохо

Тест 28 (общий)

В заданиях 1–17 выберите вариант ответа.

1. Анна не любит никуда ездить. А тут вдруг взяла и … в путешествие.
   - А) ездила
   - Б) ехала
   - В) поехала
   - Г) поедет

2. По его поведению было заметно, что он … .
   - А) огорчился
   - Б) огорчался
   - В) огорчился бы
   - Г) огорчится

3. Лене можно доверить присматривать за маленьким ребёнком. Она ни за что его не … .
   - А) обижала
   - Б) обижает
   - В) обидит
   - Г) обидела

4. Я всегда очень доверяла Павлу, но его обман … меня.
   - А) разочаровал
   - Б) разочаровал бы
   - В) разочаровывал
   - Г) разочаровывал бы

5. Не … бы лекцию! Уже очень поздно, только четыре часа осталось нам на сон.
   - А) просыпать
   - Б) просыпали
   - В) проспать
   - Г) проспим

6. Смотри не … вазу! Это любимая ваза моей сестры.
   - А) разбивай
   - Б) разбиваете
   - В) разобьёшь
   - Г) разбей

7. Сергей Павлович! … напомнить Вам о встрече с коллегами в 16 часов.
   - А) Позвольте
   - Б) Позволили бы
   - В) Позволяйте
   - Г) Позволяли бы

8. Анна Николаевна, ... скорее. Мы все ждём вашего выздоровления.

А) поправляйтесь
Б) поправьтесь
В) поправлялись бы
Г) поправились бы

9. Его гнев ... мне. Трудно не рассердиться в такой ситуации.

А) понятный
Б) понятен
В) понятно
Г) понятным

10. Сок такой ... , надо разбавить его водой.

А) сладок
Б) сладкий
В) сладко
Г) сладким

11. Он шёл по улице, ... предстоящей встречей.

А) взволнованным
Б) взволнованный
В) взволнован
Г) взволновавшим

12. Она была так ... , прочитав письмо, что не могла сказать ни слова.

А) удивлённая
Б) удивлена
В) удивившая
Г) удивившаяся

13. После свидания Андрей чувствовал себя ... .

А) влюблён
Б) влюблённый
В) влюблённым

В заданиях 14—17 представлен текст аннотации книги «Русские падежи». Выберите вариант ответа.

Учебное пособие (14) ... иностранным студентам, изучающим курс русского языка по программе предвузовской подготовки. Пособие (15) ... материал по обучению предложно-падежной системе русского языка. Учебное пособие (16) ... систему упражнений, речевые образцы, таблицы и грамматический комментарий. Пособие (17) ... на занятиях по русскому языку с первой недели обучения иностранных студентов.

14. А) посвящено
    Б) составлено
    В) предназначено

15. А) содержит
    Б) входит
    В) является

16. А) состоит
    Б) относится
    В) включает

17. А) используется
    Б) представляет
    В) выполняется

В заданиях 18—20 выберите предикат, характерный для газетно-публицистического стиля.

18. Совет министров северных стран ... на совместный проект по защите экологии.

    А) дал средства
    Б) выделил средства
    В) списал средства

19. ЕЭС ... на традиционных импортёров древесины.

    А) оказывает давление
    Б) вызывает давление
    В) применяет давление
    Г) подавляет

20. Во время переговоров стороны ... по вопросу о выводе войск из страны.

    А) достигли соглашения
    Б) добились соглашения
    В) согласились
    Г) согласны

В заданиях 21–25 к выделенным выражениям подберите близкие по смыслу конструкции.

21. **Мне его не убедить.**
    Он очень упрямый.

    А) Я не должна его убеждать.
    Б) Я не могу его убедить.
    В) Я не хочу его убеждать.
    Г) Я не буду его убеждать.

22. **Не тебе об этом беспокоиться.** Анна отвечает за эту работу.

    А) Не ты должна беспокоиться.
    Б) Ты об этом не беспокоишься.
    В) Ты не будешь беспокоиться.
    Г) Ты не должна беспокоиться.

23. **Мне нечего посоветовать ей.** Я не знаю, как решить эту проблему.

    А) Я не буду ничего советовать.
    Б) Я не могу ничего посоветовать.
    В) Я могу ничего не советовать.
    Г) Я никогда ничего не советую.

24. **Не у кого спросить дорогу.** Улица пустая.

    А) Никто не спрашивает дорогу.
    Б) Нет никого, чтобы спросить дорогу.
    В) Никто не должен спрашивать дорогу.
    Г) Никто не хочет знать дорогу.

25. Он уехал отдыхать, а мы тут **пиши** за него статью.

    А) хотим писать
    Б) должны писать
    В) напишем
    Г) можем писать

В заданиях 26–44 выберите вариант ответа

26. Его волнение выражается ... .
    А) беспричинным смехом
    Б) в беспричинном смехе
    В) от беспричинного смеха
    Г) к беспричинному смеху

27. Перед тестированием ... заполняется анкета.
    А) соискателю
    Б) соискателя
    В) соискателем
    Г) для соискателя

28. Не надо обращаться к нему ... .
    А) о помощи
    Б) за помощью
    В) на помощь
    Г) с помощью

29. Алла быстро отвернулась ... .
    А) перед ним
    Б) за ним
    В) от него
    Г) к нему

30. Этот вопрос будет рассматриваться ... , поэтому не опаздывай на встречу.
    А) первого
    Б) первому
    В) в первом
    Г) первым

31. Игорь был возмущён её ... .
    А) поступком
    Б) поступку
    В) поступка
    Г) поступок

32. Родители всегда были внимательны ... своей дочери.
    А) просьбам
    Б) просьбами
    В) к просьбам
    Г) в просьбах

33. Талант художника не был понят ... .
    А) современникам
    Б) современников
    В) современниками
    Г) в современниках

34. Я был несправедлив ... ,
    которого почти не знал.

    А) в человеке
    Б) к человеку
    В) с человеком
    Г) для человека

35. Всегда нужно быть честным
    ... .

    А) перед собой
    Б) для себя
    В) к себе
    Г) в себе

36. Он способен на многое ...
    дружбы.

    А) ради
    Б) для
    В) из-за
    Г) в честь

37. Он написал эту песню ... о
    друге.

    А) к памяти
    Б) с памятью
    В) ради памяти
    Г) в память

38. Мой друг — специалист ... .

    А) кожных заболеваний
    Б) по кожным заболеваниям
    В) в кожных заболеваниях
    Г) с кожными заболеваниями

39. У Андрея в детстве были хо-
    рошие способности ... .

    А) в математике
    Б) с математикой
    В) для математики
    Г) к математике

40. Живопись отражает действи-
    тельность ... .

    А) в наглядных образах
    Б) наглядным образом
    В) с наглядными образами
    Г) наглядных образов

41. Я открыла дверь и увидела
    девушку ... .

    А) в куртке и с рюкзаком
    Б) при куртке и с рюкзаком
    В) в куртке и в рюкзаке
    Г) с курткой и в рюкзаке

42. Сбор ... пошёл на приобрете-
    ние аппаратуры для детской
    больницы.

    А) от концерта
    Б) по концерту
    В) для концерта
    Г) в концерте

43. Стороны подписали контракт
    ... оборудования для автомо-
    бильного завода.

    А) по поставке
    Б) для поставки
    В) о поставке
    Г) на поставку

44. Он уже два месяца получает
    пособие ...

    А) по безработице
    Б) из-за безработицы
    В) на безработицу
    Г) от безработицы

**В заданиях 45—48 выберите вариант ответа, который соот-
ветствует значению выделенных слов и выражений.**

45. Она **пулей** вылетела из комнаты и хлопну-
    ла дверью.

    А) зачем?
    Б) где?
    В) почему?
    Г) как?

46. Антон пошёл в библиотеку **за книгой по
    истории России**.

    А) какой?
    Б) за чем?
    В) как?
    Г) почему?

47. **Напуганный грозой**, мальчик закрыл все
    окна в доме.

    А) почему?
    Б) где?
    В) зачем?
    Г) когда?

48. Вера вышла на улицу и **не спеша** пошла к
    метро.

    А) когда?
    Б) почему?
    В) зачем .
    Г) как?

В заданиях 49—50 выберите вариант ответа, который по смыслу наиболее близок данным предложениям.

49. Тебе звонил твой приятель, которого я не знаю.

А) Тебе звонил какой-то приятель.

Б) Тебе звонил кое-какой приятель.

В) Тебе звонил какой-нибудь приятель.

Г) Тебе звонил приятель.

50. Купи, пожалуйста, попить. Всё равно что.

А) Купи что-нибудь попить.

Б) Купи что-то попить.

В) Купи кое-что попить.

Г) Купи разные напитки.

В заданиях 51—73 выберите вариант ответа.

51. Думаю, что мы всё-таки поедем в Москву: ... билеты на поезд заказаны, ... гостиница забронирована.

А) да ... да ...

Б) или ... или ...

В) и ... и ...

Г) то ... то ...

52. Никак не могу до него дозвониться: ... он телефон дома забыл, ... звук выключил.

А) и ... и ...

Б) ни ... ни ...

В) то ... то ...

Г) то ли ... то ли ...

53. Мы давно не виделись с подругой: ... она занята, ... я не могу.

А) ни ... ни ...

Б) то ... то ...

В) да ... да ...

Г) не то ... не то ...

54. Братья уже два дня в ссоре: ... один не хочет мириться, ... другой.

А) да ... да ...

Б) то ли ... то ли ...

В) ни ... ни ...

Г) не то ... не то ...

55. Иван часто вспоминает тех, ... познакомился в России.

    А) у кого
    Б) о ком
    В) с кем
    Г) к кому

56. Неделя будет такая насыщенная, ... у меня не будет времени на отдых.

    А) так как
    Б) чтобы
    В) как
    Г) что

57. Ты ещё не настолько поправился, ... выйти на работу.

    А) что
    Б) чтобы
    В) словно
    Г) будто

58. Мысль, ... с братом что-то случилось, не давала мне покоя.

    А) потому что
    Б) как будто
    В) так как
    Г) что

59. Родителей не оставляет надежда, ... сыну удастся найти хорошую работу.

    А) если
    Б) что
    В) когда
    Г) ли

60. Каждый день я вижу, ... растёт и меняется мой сын.

    А) пока
    Б) когда
    В) если
    Г) как

61. Елена взяла такси. Она боялась, ... опоздать в театр.

    А) как бы не
    Б) если бы не
    В) когда бы не
    Г) чтобы не

62. ... мне необходимо быть на консультации у врача, прошу разрешить мне не присутствовать на работе.

    А) Когда
    Б) Пока
    В) Благодаря тому что
    Г) В связи с тем что

63. ... ты встал так поздно, придётся перенести поездку за город.

А) Раз
Б) Несмотря на то что
В) Хотя
Г) Чтобы

64. Стоило ему прийти, ... все начали расспрашивать его о путеше-
ствии.

А) когда
Б) после того как
В) как
Г) прежде чем

65. ... корабль приближался к берегу, наше волнение усиливалось.

А) Как
Б) По мере того как
В) Пока не
Г) После того как

66. Нужно убрать урожай, ... нача-
лись дожди.

А) пока
Б) когда
В) пока не
Г) как только

67. Вера отдыхала на море, ... Анна
сдавала выпускные экзамены.

А) в то время как
Б) хотя
В) так как
Г) если

68. ... хочешь много успевать, орга-
низуй правильно своё время.

А) Как
Б) Если
В) Хотя
Г) Пока

69. Прежде чем ... выводы, нужно
ещё раз проанализировать си-
туацию.

А) сделала
Б) сделать
В) делала
Г) делаю

70. Прежде чем Андрей ... в лифт,
он достал газеты из почтового
ящика.

А) войти
Б) входить
В) вошёл
Г) входил

71. Даже если ты будешь работать всю ночь, ...

A) ты всё равно не успеешь закончить эту работу

Б) ты всё-таки не успел бы закончить эту работу

В) ты обязательно не успеешь закончить эту работу

Г) ты закончил бы эту работу

72. Даже если бы мы ещё раз поговорили с ним, ...

A) мы обязательно отговорили бы его от поездки

Б) мы не отговорили его от поездки

В) мы всё равно не отговорили бы его от поездки

Г) мы сразу отговорили его от поездки

73. Как я ни просила маму, ...

A) она всё равно не пошла со мной в кино

Б) она всё-таки пошла со мной в кино

В) она обязательно пойдёт со мной в кино

Г) ей не пойти со мной в кино

В заданиях 74—75 к выделенным конструкциям подберите близкий по смыслу вариант выбора.

74. Она замолчала, **рассер-дившись на подругу**.

А) несмотря на то что рассерди-лась на подругу

Б) если рассердилась на подру-гу

В) хотя рассердилась на подругу

Г) так как рассердилась на под-ругу

75. **Имея все необходимые материала для статьи**, он всё-таки не закончил её в срок.

А) Если бы он имел все необхо-димые материалы для ста-тьи.

Б) Так как он имел все необходи-мые материалы для статьи.

В) Хотя он имел все необходи-мые материала для статьи.

Г) Когда он имел необходимые материалы для статьи.

В заданиях 76—94 выберите вариант ответа.

76. ... этого дела ведётся уже несколь-ко месяцев.

А) Расследование

Б) Исследование

В) Следствие

Г) Последовательность

77. Иван вырос в большой, ... семье.

А) дружеской

Б) дружной

В) дружественной

Г) дружелюбной

78. Я люблю ... мёд.

А) цветовой

Б) цветной

В) цветочный

Г) цветистый

79. Он справился с этой работой без
   ... затруднений.

   А) любых
   Б) иных
   В) каждых
   Г) всяких

80. Для него ... резкость в суждениях.

   А) характерна
   Б) типизирована
   В) интересна
   Г) разнообразна

81. Лес ... на сотни километров.

   А) возвышается
   Б) простирается
   В) размещается
   Г) находится

82. Во время таможенного контроля у
   нас ... ручную кладь.

   А) пересматривали
   Б) досматривали
   В) высматривали
   Г) пересматривали

83. Пальто очень длинное, надо его ... .

   А) пришить
   Б) ушить
   В) зашить
   Г) подшить

84. Я порезала палец, надо его ... .

   А) перевязать
   Б) привязать
   В) связать
   Г) отвязать

85. Александр Петрович, Вы не могли
   бы ... мне 10 минут?

   А) разделить
   Б) поделить
   В) отделить
   Г) уделить

86. Он не поступил в университет, так
   как не ... баллов.

   А) выбрал
   Б) набрал
   В) собрал
   Г) отобрал

87. Раньше здесь был пустырь, а теперь его ... .

   А) перестроили
   Б) построили
   В) застроили
   Г) отстроили

88. В Африке ... тропические леса.

   А) отрубают
   Б) вырубают
   В) подрубают
   Г) зарубают

89. Туристы остановились на отдых и ... костёр.

   А) разожгли
   Б) выжгли
   В) сожгли
   Г) обожгли

90. Мама попросила дочь ... мясо по тарелкам.

   А) сложить
   Б) отложить
   В) заложить
   Г) разложить

91. Зал не мог ... всех желающих.

   А) вместить
   Б) разместить
   В) поместить
   Г) сместить

92. Надо ... , что взять с собой в поход.

   А) покинуть
   Б) закинуть
   В) прикинуть
   Г) выкинуть

93. Наша команда ... гол на первой минуте.

   А) сбила
   Б) забила
   В) прибила
   Г) выбила

94. Машина не ... .

   А) переводится
   Б) выводится
   В) заводится

В заданиях 95–96 установите смысловые соответствия между выделенными выражениями и вариантами ответа.

95. Он работает **не покладая рук**.

    А) как обычно
    Б) кое-как
    В) охотно
    Г) усердно

96. Она согласилась на это предложение **скрепя сердце**.

    А) неохотно
    Б) с радостью
    В) сразу

В заданиях 97–100 выберите все возможные варианты ответа.

97. Моя сестра ... больших успехов в спорте.

    А) достигла
    Б) добилась
    В) преодолела
    Г) совершила

98. Недавно я посмотрела в театре ... спектакль.

    А) потрясающий
    Б) смешной
    В) замечательный
    Г) реальный

99. Андрей говорит по-немецки вполне ... .

    А) ужасно
    Б) терпимо
    В) неважно
    Г) сносно

100. Вчера я заходила в офис к брату, ... его коллегами я знакома.

    А) со многими
    Б) с некоторыми
    В) с каждыми
    Г) с несколькими

КЛЮЧИ

ТЕСТ 1

1. В; 2. Г; 3. А; 4. В; 5. Б; 6. А; 7. Б; 8. В; 9. В; 10. Г; 11. Г; 12. А; 13. Г; 14. Б; 15. Б; 16. Г;
17. В; 18. Б; 19. Б; 20. А; 21. Б; 22. А; 23. В; 24. В; 25. В; 26. Б; 27. В; 28. В; 29. А; 30. В;
31. Г; 32. А; 33. Б; 34. Б; 35. Г; 36. В; 37. Г; 38. В; 39. А; 40. Б

ТЕСТ 2

1. А; 2. Б; 3. А; 4. Г; 5. Б; 6. Б; 7. Б; 8. Б; 9. А; 10. Б; 11. А; 12. В; 13. Г; 14. Б; 15. А;
16. Б; 17. А; 18. Г; 19. Б; 20. А

ТЕСТ 3

1. Б; 2. А; 3. Г; 4. А; 5. Г; 6. В; 7. Б; 8. А; 9. Б; 10. В; 11. В; 12. А; 13. Б; 14. В; 15. Б;
16. В; 17. В; 18. В; 19. Б; 20. А; 21. Б; 22. Г; 23. Б; 24. В; 25. А; 26. Б; 27. В; 28. Г; 29. А;
30. А

ТЕСТ 4

1. Б; 2. В; 3. Г; 4. А; 5. В; 6. А; 7. Г; 8. Б; 9. В; 10. А; 11. Б; 12. В; 13. Г; 14. Б; 15. А; 16. Б;
17. Г; 18. А; 19. В; 20. А; 21. Г; 22. В; 23. А; 24. А; 25. Б; 26. А; 27. В; 28. Г; 29. А; 30. В

ТЕСТ 5

1. А; 2. В; 3. В; 4. Г; 5. В; 6. Г; 7. Б; 8. А; 9. Б; 10. А; 11. В; 12. А; 13. А; 14. В; 15. А; 16. Б;
17. А; 18. Б; 19. В; 20. Г; 21. Б; 22. В; 23. В; 24. А; 25. Б; 26. В; 27. Б; 28. Г; 29. А; 30. Б

ТЕСТ 6

1. В; 2. А; 3. В; 4. А; 5. Б; 6. А; 7. В; 8. Б; 9. А; 10. Б; 11. В; 12. А; 13. А; 14. Б; 15. В;
16. Б; 17. Б; 18. Б; 19. В; 20. А; 21. В; 22. А; 23. Б; 24. В; 25. А; 26. В; 27. В; 28. А;
29. Б; 30. А; 31. Б; 32. В; 33. В; 34. А; 35. Б; 36. А; 37. Б; 38. В; 39. А; 40. А; 41. Б;
42. В; 43. Б; 44. А; 45. Б; 46. Б; 47. А; 48. В; 49. Б; 50. В

ТЕСТ 7

1. Б; 2. В; 3. Б; 4. А; 5. Б; 6. Б; 7. А; 8. Г; 9. А; 10. А; 11. Б; 12. А; 13. Г; 14. А; 15. А; 16. Г;
17. А; 18. А; 19. Г; 20. Б

ТЕСТ 8

1. Б; 2. А; 3. В; 4. А; 5. Г; 6. Б; 7. А; 8. Г; 9. А; 10. Б; 11. Б; 12. В; 13. Г; 14. А; 15. Б; 16. Г;
17. А; 18. А; 19. Б; 20. Г

ТЕСТ 9

1. В; 2. А; 3. А; 4. А; 5. В; 6. А; 7. Б; 8. Г; 9. В; 10. А; 11. Б; 12. А; 13. Б; 14. А; 15. В;
16. В; 17. Г; 18. В; 19. Б; 20. А; 21. Б; 22. А; 23. А; 24. В; 25. Б; 26. В; 27. А; 28. Б; 29. А;
30. Б

ТЕСТ 10

1. В; 2. А; 3. Г; 4. Б; 5. Б; 6. В; 7. Б; 8. Г; 9. Б; 10. Г; 11. Б; 12. Б; 13. В; 14. А; 15. Б; 16. А; 17. В; 18. Г; 19. А; 20. Г; 21. В; 22. Г; 23. В; 24. А; 25. В; 26. А; 27. Б; 28. А; 29. В; 30. В

ТЕСТ 11

1. В; 2. Б; 3. Б; 4. Б; 5. Б; 6. Г; 7. В; 8. Г; 9. А; 10. А; 11. Б; 12. А; 13. В; 14. Б; 15. В; 16. В; 17. В; 18. В; 19. А; 20. В

ТЕСТ 12

1. А; 2. А; 3. Б; 4. Б; 5. А; 6. Б; 7. Б; 8. Б; 9. А; 10. А; 11. А; 12. Б; 13. А; 14. Б; 15. А; 16. Б; 17. А; 18. А; 19. Б; 20. А

ТЕСТ 13

1. А; 2. А; 3. А; 4. Б; 5. А; 6. Б; 7. Б; 8. Б; 9. А; 10. Б; 11. А; 12. Б; 13. Б; 14. А; 15. Б; 16. А; 17. А; 18. А; 19. А; 20. А

ТЕСТ 14

1. Г; 2. В; 3. Б; 4. Б; 5. Г; 6. Б; 7. Г; 8. В; 9. А; 10. Г; 11. А; 12. В; 13. А; 14. Б; 15. Б; 16. В; 17. А; 18. В; 19. Г; 20. А; 21. В; 22. В; 23. Г; 24. В; 25. Г; 26. А; 27. А; 28. В; 29. Г; 30. А

ТЕСТ 15

1. А; 2. В; 3. Б; 4. Г; 5. А; 6. Б; 7. Г; 8. В; 9. Г; 10. А; 11. Б; 12. Г; 13. А; 14. А; 15. В; 16. А; 17. В; 18. Б; 19. Г; 20. А

ТЕСТ 16

1. В; 2. Б; 3. Г; 4. А; 5. Г; 6. А; 7. Б; 8. В; 9. А; 10. Г; 11. Б; 12. Г; 13. Б; 14. А; 15. Б; 16. Б; 17. В; 18. В; 19. Б; 20. А

ТЕСТ 17

1. Г; 2. В; 3. Б; 4. Б; 5. Г; 6. Б; 7. Г; 8. В; 9. А; 10. Г; 11. А; 12. В; 13. А; 14. Б; 15. Б; 16. В; 17. А; 18. В; 19. Г; 20. А; 21. В; 22. В; 23. Г; 24. В; 25. Г; 26. А; 27. А; 28. В; 29. Г; 30. А

ТЕСТ 18

1. А; 2. В; 3. Б; 4. Г; 5. А; 6. А; 7. Б; 8. Г; 9. А; 10. В; 11. А; 12. Б; 13. Б; 14. В; 15. Б; 16. В; 17. Б; 18. А; 19. Б; 20. Г

ТЕСТ 19

1. А; 2. Б; 3. А; 4. Б; 5. А; 6. А; 7. Б; 8. А; 9. А; 10. Б; 11. А; 12. А; 13. А; 14. Б; 15. А; 16. А; 17. Б; 18. Б; 19. А; 20. Б; 21. А; 22. Б; 23. А; 24. Б; 25. А; 26. А; 27. А; 28. А; 29. Б; 30. Б; 31. Б; 32. А; 33. Б; 34. А; 35. А; 36. А; 37. Б; 38. А; 39. А; 40. Б

ТЕСТ 20

1.Б; 2. Б; 3. А; 4. Б; 5. Б; 6. В; 7. Б; 8. А; 9. А; 10. А; 11. В; 12. Б; 13. А; 14. А; 15. А; 16. В; 17. А; 18. Б; 19. А; 20. Б; 21. В; 22. Б; 23. Б; 24. В; 25. А; 26. В; 27. Б; 28. А; 29. А; 30. Б; 31. В; 32. В; 33. Б; 34. Б; 35. А; 36. В; 37. Б; 38. В; 39. Б; 40. А; 41. А; 42. Б; 43. В; 44. А; 45. Б; 46. А; 47. Б; 48. А; 49. В; 50. А; 51. Б

ТЕСТ 21

1. Б; 2. А; 3. А; 4. Б; 5. А; 6. А; 7. А; 8. А; 9. А; 10. Б; 11. А; 12. А; 13. А; 14. Б; 15. А; 16. А; 17. А; 18. Б; 19. Б; 20. А; 21. Б; 22. А; 23. А; 24. Б; 25. Б; 26. А

ТЕСТ 22

1. Б; 2. Б; 3. А; 4. В; 5. Б; 6. А; 7. В; 8. В; 9. Б; 10. А; 11. А; 12. В; 13. Б; 14. А; 15. Б; 16. А; 17. А; 18. Б; 19. Б; 20. А; 21. Б; 22. Б; 23. А; 24. Б; 25. В; 26. А; 27. Б; 28. Б; 29. А; 30. Б; 31. А; 32. В; 33. Б; 34. Б; 35. Б; 36. Б; 37. Б; 38. Б; 39. Б; 40. А

ТЕСТ 23

1. А; 2. В; 3. Б; 4. А; 5. Б; 6. Б; 7. А; 8. Б; 9. А; 10. Б; 11. А; 12. А; 13. А; 14. Б; 15. Б; 16. А; 17. Б; 18. А; 19. Б; 20. В

ТЕСТ 24

1. А; 2. В; 3. Б; 4. А; 5. А; 6. Б; 7. Б; 8. Б; 9. В; 10. Б; 11. Б; 12. Б; 13. А; 14. Б; 15. А; 16. А; 17. Б; 18. В; 19. Б; 20. Б; 21. В; 22. А; 23. А; 24. В; 25. В; 26. А; 27. В; 28. А; 29. Б; 30. Б; 31. А; 32. В; 33. А; 34. А; 35. Б; 36. Б; 37. Б; 38. Б; 39. В; 40. В

ТЕСТ 25

1. Г; 2. В; 3. Г; 4. В; 5. А; 6. А; 7. В; 8. А; 9. Б; 10. Г; 11. Б; 12. Б; 13. Б; 14. В; 15. В; 16. Б; 17. В; 18. В; 19. Б; 20. В; 21. Б; 22. А; 23. Б; 24. Г; 25. А; 26. Б; 27. В; 28. Б; 29. А; 30. Г

ТЕСТ 26

1. Б; 2. А; 3. В; 4. А; 5. Г; 6. Б; 7. В; 8. А; 9. В; 10. Б; 11. Г; 12. Б; 13. В; 14. А; 15. В; 16. А; 17. В; 18. А; 19. Б; 20. В; 21. Б; 22. А; 23. Б; 24. Б; 25. Г; 26. Б; 27. В; 28. В; 29. Г; 30. А; 31. Б; 32. А; 33. Б; 34. А; 35. Б; 36. Г; 37. Б; 38. А; 39. Б; 40. В; 41. В; 42. В; 43. А; 44. А; 45. Б; 46. Б; 47. В; 48. Г; 49. А; 50. А; 51. Б; 52. В; 53. Г; 54. А; 55. Б; 56. Г; 57. В; 58. Г; 59. Б; 60. А; 61. Б; 62. В; 63. А; 64. Б; 65. В; 66. Г; 67. Б; 68. Г; 69. Б; 70. Г; 71. А; 72. Б; 73. А; 74. В; 75. Б; 76. А; 77. А; 78. В; 79. А; 80. Б; 81. А; 82. Г; 83. В; 84. Б; 85. В; 86. А; 87. В; 88. Г; 89. А; 90. В; 91. А; 92. А; 93. В; 94. Г; 95. А; 96. А; 97. А, Б; 98. А, Б, В; 99. А, Г; 100. А, В, Г

ТЕСТ 27

1. Б; 2. В; 3. А; 4. Г; 5. Б; 6. Г; 7. В; 8. В; 9. В; 10. Б; 11. В; 12. Б; 13. Г; 14. А; 15. В; 16. Б; 17. А; 18. Б; 19. В; 20. А; 21. Б; 22. Г; 23. Б; 24. А; 25. А; 26. Б; 27. В; 28. Г; 29. В; 30. А; 31. В; 32. Г; 33. Г; 34. А; 35. Г; 36. Б; 37. В; 38. Г; 39. В; 40. А; 41. А; 42. В; 43. Б; 44. Г; 45. В; 46. А; 47. В; 48. Г; 49. А; 50. А; 51. А; 52. В; 53. А ;54. А; 55. Б; 56. А; 57. В;

58. А; 59. В; 60. Г; 61. Б; 62. Г; 63. В; 64. А; 65. Г; 66. А; 67. Б; 68. Г; 69. Б; 70. Б; 71. Г; 72. А; 73. Г; 74. Б; 75. В; 76. Б; 77. Б; 78. А; 79. Б; 80. Г; 81. Б; 82. Г; 83. Б; 84. В; 85. Б; 86. Г; 87. В; 88. Б; 89. Г; 90. А; 91. Г; 92. А; 93. В; 94. Г; 95. В; 96. Б; 97. А; 98. Б; 99. Г; 100. Г

ТЕСТ 28

1. В; 2. А; 3. В; 4. А; 5. В; 6. Г; 7. А; 8. А; 9. Б; 10. Б; 11. Б; 12. Б; 13. В; 14. В; 15. А; 16. В; 17. А; 18. Б; 19. А; 20. А; 21. Б; 22. Г; 23. Б; 24. Б; 25. Б; 26. Б; 27. В; 28. Б; 29. В; 30. Г; 31. А; 32. В; 33. В; 34. Б; 35. А; 36. А; 37. Г; 38. Б; 39. Г; 40. А; 41. А; 42. А; 43. А; 44. А; 45. Г; 46. Б; 47. А; 48. Г; 49. А; 50. А; 51.В; 52. Г; 53. Б; 54. В; 55. В; 56. Г; 57. Б; 58. Г; 59. Б; 60. Г; 61. А; 62. Г; 63. А; 64. В; 65. Б; 66. В; 67. А; 68. Б; 69. Б; 70. В; 71. А; 72. В; 73. А; 74. Г; 75. В; 76. А; 77. Б; 78. В; 79. Г; 80. А; 81. Б; 82. Б; 83. Г; 84. А; 85. Г; 86. Б; 87. В; 88. Б; 89. А; 90. Г; 91. А; 92. В; 93. Б; 94. В; 95. Г; 96. А; 97. А, Б; 98. А, Б, В; 99. Б, Г; 100. А, Б, Г